Helga Jursch

Butterschmalz zum Frühstück

Reisereportagen aus Asien

Über das Buch:
Warum trägt Buddha eine Brille? Wie schmeckt Butterschmalz? Was ist ein Nachtigallenboden? Warum sitzen Puppen auf Balkonen? Auf ihren Streifzügen durch Indien, Japan, Indonesien und Burma hat die Autorin eine Vielzahl interessanter und kurioser Begebenheiten und Tatsachen festgehalten, die sie hier als unterhaltsame Lektüre präsentiert.

Über die Autorin:
Helga Jursch wurde 1960 in Hamburg geboren und lebte schon als Kind im Ausland. Dies führte zu einem bislang unstillbaren Drang in die Ferne, der in regelmäßigen Abständen ausbricht. Wenn sie nicht auf Reisen ist, lebt sie mit ihrer Familie und einer Katze in der Nähe von Stuttgart.

Kontakt:
info@helga-jursch.de
www.helga-jursch.de

Bibliografische Information der Deutschen
Nationalbibliothek

Die Deutsche Nationalbibliothek verzeichnet diese
Publikation in der Deutschen Nationalbibliografie;
detaillierte bibliografische Daten sind im Internet über
http://dnb.dnb.de abrufbar.

Butterschmalz zum Frühstück
Copyright: © 2013 Helga Jursch
Lektorat: Anni Bürkl (www.einbuchschreiben.at)
Herstellung und Verlag:
BoD – Books on Demand, Norderstedt
ISBN 978-3-7347-5947-5

Umschlaggestaltung: Helga Jursch
Das Bild zeigt den Brillen-Buddha in der
Shwemyetman-Pagode in Pyay, Burma

Für meine Eltern, die die Reiselust in mir gesät haben.

Südindien 9
  Nicht nur Ayurveda 9
  Abschalten geht nicht so einfach 11
  Vorwäsche fürs Körperinnere............................15
  Oh, dieses Butterschmalz!............................ 19
  Süßes Leben – so anstrengend 24
  Wechselduschen für die Sinne 30
  Geschafft! Kein Butterschmalz mehr 35
  Der Schneider als Lehrer 40
  Ein Tag zum Kotzen 44
  Indisches Leben 46
  Wohlbehagen...52
  Die Entdeckung des Paradieses..........................59
  Zweifel 63
  Sauber bis in den letzten Winkel 65
  Der geheimnisvolle Kashayavasti........................ 66
  Abschlussbehandlung.................................70
  Nachlese 71
Japan...73
  Translation or not: you won't get lost....................73
  Interessanter Stau....................................74
  Natto: was für ein Einstieg! 77
  Ganz Tokio in den Bergen 87
  Es geht auch ländlich...................................92
  Durchs Land im Sauseschritt 103
  Tag der extremen Gegensätze 107
  Wo alles begann...................................... 113
  Steine, Moos und Gold 119

Glücksdrachen und Powershopping....................126
Panik auf der Zielgeraden 133
Indonesien 137
- oder Neptun mag mich nicht so richtig............137
Feuerwerk aus dem Vulkan........................139
Reduzierter Erholungswert 142
Wir lagen vor Makassar 146
Begräbnis als drittklassiger Splatterfilm............... 151
Die Gräber der Toraja............................. 161
Bergland, Menhire und trockene Soße............165
Der Palmensee..170
Ein bisschen Promi sein 176
Der wilde Osten......................................179
Endlich das Paradies!............................... 181
Über- und unterirdisch überirdisch schön........... 184
Mantas!... 189
Windkanal unter Wasser 193
Korallengärten 194
Zuverlässige Unzuverlässigkeit................. 199
Wasserreinfall......................................202
Und wieder Stress in Makassar 205
Betörende Landschaften..........................208
Gemütliches Tauchen..............................214
Urlaub, wie er sein soll............................216
Großes Wrack und kleine Seepferdchen 218
Tempel und Reisterrassen.........................221
Und schon wieder Abschied.......................226

Burma 229
  Grandioser Overkill 229
  Ein Orkan für die Sinne 231
  Goldener Felsen, beschädigte Menschen.............236
  Landleben pur 242
  Der erschütternde Weg zur Freiheit....................247
  Einsiedler, Prinzen, Geister 251
  Hahnenkampf und Buddhas Brille....................... 257
  Viel zu viel Eukalyptus 259
  Pagan – Start der Pagodenrallye 262
  Die Heimat der Geister...267
  Sensationelle Pagoden nonstop 273
  Über und unter den Wolken 276
  Religiöser wird's nicht 282
  Eine Woche in einen Tag gepackt........................287
  Gold, wohin man blickt 291
  Es wird kalt..295
  Verzauberte Spinnen, verfluchte Arbeiter............298
  Um den See herum, aber zack, zack! 302
  Shwedagon-Pagode als grandioses Finale 310

Südindien

Nicht nur Ayurveda

Das moderne Leben ist aufregend, anregend und anstrengend. Atempausen sind nicht wirklich vorgesehen. Das hinterlässt Spuren. Bei mir äußern sie sich in Form von tief sitzender Unlust, leichter Reizbarkeit, Rückenschmerzen und chronischer Bronchitis. Von allen Methoden, die einen ins Gleichgewicht bringen sollen, spricht Ayurveda mich am meisten an. Ich beschließe, die Probe aufs Exempel zu machen. Da ich ohnehin eine Schwäche für Meeres- und Palmenrauschen habe, entscheide ich mich für eine Kur in der Wiege des Ayurveda. Und so breche ich im März 2005 zur Ayurvedaklinik Coconut Bay Beach Resort in der Nähe von Trivandrum, in Kerala, am Südzipfel Indiens auf.

Was mich in Kerala erwartet, meine ich durch die schönen, bunten Beschreibungen aus dem Prospekt und die Lektüre von „Des Mauren letzter Seufzer" von Salman Rushdie und „Der Gott der kleinen Dinge" von Arundhati Roy zu wissen. Beide Bücher stehen in Indien auf dem Index, weil das Land nicht übermäßig gut darin wegkommt.

Doch genau das hat mir gefallen. Ich gucke gerne hinter die Kulissen. Nun ist es soweit. Indien, ich komme!

15. März 2005

Abschalten geht nicht so einfach

Vor den Tropenstrand hat die moderne Welt das Flugzeug gesetzt. Doch ich hasse Fliegen! Zu den üblichen Unannehmlichkeiten kommt noch die feste Überzeugung, dass ausgerechnet mein Flieger abstürzen wird. Richtig stressig wird es, als ich feststelle, dass wir genau über den Irak fliegen, wo gerade der Krieg tobt. Bagdad, Falludscha, Nadschab, die ganzen grässlichen Namen aus der Tagesschau direkt unter uns. Dann Landung in Kuwait mit einer Stunde Verspätung. Mir schwant schon das Schlimmste, aber mein nächster Flieger hat ebenfalls eine komfortable Verspätung. Kaum angeschnallt versuche ich zu schlafen, doch ich wache auf, weil ein Krankenwagen mit Tatütata durch meinen Kopf fährt. Das nächste Schläfchen wird durch das Klingeln meines ausgeschalteten Handys unterbrochen, das Dritte durch den Ruf meines abwesenden Sohnes nach mir. Mir steht noch ein hartes Stück Arbeit bevor, um den Alltag mental hinter mir zu lassen.

Da ich keinen Flug mehr zum nächsten Flughafen Trivandrum bekommen habe, weiche ich ins 250 Kilometer entfernte Cochin aus. Dort werde ich vom Hotelfahrer abgeholt. Er sagt, wir bräuchten fünf Stunden bis zum Ziel. Fünf Stunden! Das erschüttert mich ein wenig. Dann fährt er los. Die Verkehrsregeln sind einfach: Es gibt keine, es gilt das Recht der lauteren Hupe. Auf der Straße bewegen sich nicht nur alle möglichen und unmöglichen Fahrzeuge, sondern alles, was sich irgendwie fortbewegen kann: Menschen, Elefanten, Ochsen, Ziegen. Es ist wie eine Achterbahnfahrt, nur dass es hier ums wirkliche Leben geht. Ich merke, dass mein Fahrer nicht mehr richtig fit ist. Seine Reaktionen sind etwas zu träge und schreckhaft. Kein Wunder, er muss mitten in der Nacht aufgestanden und schon fünf Stunden durch den mörderischen Verkehr hierher gefahren sein, um mich abzuholen. Ich schlage deswegen öfter ein Teepäuschen vor, was er gerne annimmt. Während er ein anregendes Getränk nach Art des Hauses zu sich nimmt, stürze ich mich mit Begeisterung auf die Kokosnüsse. Nach sechs Stunden sind wir endlich da.

Das Hotel ist wirklich so schön wie im Prospekt. Ich bin völlig groggy und übermüdet. Aber jetzt gibt's erst mal Essen. Ich nehme Sambar. Das ist Reis mit gemischtem Gemüse in Kokosoße, dazu scharfe Linsenpaste. Zu trinken gibt es Ingwertee. Dann werde ich vom Hotelarzt untersucht. Morgen kommt noch der große Guru Dr. Franklin, der mich auch ansehen wird, dann bekomme ich die endgültige Diagnose. Jetzt bekomme ich erst mal eine Entspannungsmassage und ein bisschen Reinigung.

Deepa, meine Masseurin, fragt mich, ob ich es lieber hart oder weich hätte. Ich sage „weich" und sie legt los. Möchte nicht wissen, was dann eine harte Massage ist. Ich werde fast zwei Stunden wie ein Pizzateig durchgewalkt, wobei Deepa mir auch eine Fußmassage verpasst. Sie hält sich an einem Deckenseil fest und massiert mich druckvoll mit den Füßen. Schließlich wird mein Nasen- und Nebenhöhlensystem mit Öl gereinigt, und zum Schluss muss ich noch ein Glas Milch, auf dem oben eine Schicht Butterschmalz (Ghee) schwimmt, trinken. Ich hoffe, dass das ein Versehen ist, aber es ist Absicht und zudem noch ernst gemeint. „Yes Ma'am, you must!" Deepa ist sehr nett, aber durchaus durchsetzungsfähig. Danach bin ich mehr tot als lebendig und falle ins Bett. Zum Glück habe ich Ohropax dabei. Normalerweise liebe ich Meeresrauschen, aber das Meer hier rauscht nicht, es tobt. Es tobt regelrecht tsunamiartig und brächte mich ohne Gehörschutz um den Schlaf.

Ich wache am nächsten Morgen gut erholt auf und mache erst mal Yoga. Der Yogi ist ein alter Inder mit Rauschebart, dennoch, im Gegensatz zu mir, ungemein beweglich. Die Yoga-Session ist richtig anstrengend. Entweder sind meine Arme zu kurz oder meine Beine zu lang, um die Übungen nachzumachen, die der Lehrer so locker-flockig vorführt. Dann gibt's Frühstück: Ambar, Pfannkuchen aus Reismehl mit gewürztem Bananenmus. Wenn ich geahnt hätte, was Dr. Franklin sagen würde, hätte ich mehr gegessen. Dr. Franklin wettert erst mal gegen die Europäer, die nur zwei Wochen kommen und fit gemacht werden wollen. Unter drei Wochen kann man gar nichts Vernünftiges machen. Ich beschließe, die Woche, die ich für eine Rundreise geplant hatte, an die Kur anzuhängen. Er sagt streng, eine echte Kur sei kein Vergnügen und ob ich mir bewusst wäre, dass einige unangenehme Dinge auf mich zukämen. Ich sage „ja", obwohl ich gar nicht so recht weiß, was mir bevorsteht. Ich vertraue aber darauf, dass es mir gut tun wird, und interessieren tut es mich ohnehin. Als Erstes streicht er mir das Frühstück. Stattdessen bekomme ich ein halbes Glas pures, flüssiges Butterschmalz zu trinken, das jeden Tag etwas voller sein wird. Ungerührt erklärt mir Dr.

Franklin trotz meines entsetzten Blickes die außergewöhnliche Reinigungskraft von Butterschmalz und die dringende Notwendigkeit, diese Kraft auf meinen Körper wirken zu lassen.

Gegen meine chronische Bronchitis will er mir einen Tag eingeleitetes Erbrechen verordnen. Wird normalerweise bei Europäern nicht gemacht, weil das wellness-fixierte Waschlappen sind, die einen falschen Eindruck von Ayurveda haben. Das sagt er zwar nicht so, aber sein ganzes Mienenspiel lässt keinen Zweifel daran, dass er es so meint. Aber ich, ich werde das authentische Ayurveda kennenlernen.

17. März 2005

Vorwäsche fürs Körperinnere

Frühstück. Ein halb volles Glas Butterschmalz steht vor mir. Schon der erste Schluck schmeckt magenhebend. Dazu der Geruch! Es riecht an sich nicht schlecht, doch es riecht nach zu viel. Mein Körper sträubt sich, das Fett zu schlucken. Wird meine Leber nicht durchdrehen, wenn es nichts außer schierem Fett gibt? Ich quäle mich und leide bis zur Massage.

Deepa walkt mich wieder tüchtig durch, als wäre ich ein dreckiges Laken auf dem Waschbrett. Ein sehr dreckiges Laken. Sie wird mich die ganze Zeit betreuen. Am Ende der Einheit reibt sie mein Gesicht mit einer sehr wohlriechenden Salbe ein und verpasst mir eine äußerst angenehme Gesichtsmassage. Danach wieder Nasenreinigung und Milch mit Ghee.

Es gibt im Ayurveda drei Energieprinzipien, die Doshas. Sie kommen in jedem Menschen in einzigartiger und ursprünglich harmonischer Weise vor. Verschiebt sich das Gleichgewicht zwischen den Doshas, wird man auf Dauer krank. Sinn einer Ayurvedakur ist es, die Doshas wieder zu harmonisieren. Diese Doshas heißen Vata, Pitta und Kapha (sprich Kappa). Bei den meisten Menschen dominiert ein Dosha. Ich habe das Glück, ein Kapha-Typ zu sein. Kapha hat nämlich den vielfältigsten Speiseplan. Dazu zählen Fisch und Lamm, Kokosnüsse sind ausgesprochen empfehlenswert. Normalerweise ist eine ayurvedische Diät streng vegetarisch, Genussgifte sind verboten. Dafür habe ich das Pech, in nächster Zeit zum Frühstück das Glas Ghee trinken zu müssen, und das ist wirklich abartig.

Zusätzlich zum üblichen Durchgewalke bekomme ich heute eine Pulvermassage. Ich werde mit einem Zeug eingerieben, das wie Currypulver aussieht, welches dann synchron von zwei Masseurinnen in meinen Körper eingearbeitet wird. Das ist richtig toll. Aber obwohl ich seitdem zweimal geduscht habe, färbt meine Haut immer noch gelb ab.

Nach der Behandlung muss ich immer ein Glas Bananenstängellimo trinken. Schmeckt fad, aber mittlerweile finde ich es großartig, wenn's nichts Schlimmeres ist. Diese Art der Behandlung wird die nächsten Tage so weiter gehen. Überhaupt ist mein Behandlungsplan sehr heftig. Möglicherweise werde ich nicht mal kurze Ausflüge machen können. Jetzt zum Beispiel wirken die Ghee-Massen sehr anregend auf meine Verdauung, und ich sollte mich immer in der Nähe einer Toilette aufhalten. Ich kann also das Hotel kaum verlassen.

Dennoch bekommt man von dieser Insel der Seligen aus etwas vom echten Indien mit. Was mich schon immer auf den Prospektbildern irritiert hat, waren die Zäune und Tore. Warum ist alles so abgeschlossen? Ganz einfach. Die Strandhändler sind furchtbar aufdringlich. Das Hotel befindet sich in der Nähe des Fischerdorfes Vizhinjam. Und kaum, dass man aus dem Hotel tritt, überrennen sie einen förmlich. Wenn kein

Zaun da wäre, würden sie die Anlage stürmen. Zusätzlich steht vor dem Tor noch ein Wachmann, an dem keiner vorbei kommt. Die Anlage ist sehr verwinkelt gebaut, weil alle Felsvorsprünge am Meer ausgenutzt werden. Kleine Bungalows stehen voneinander abgesetzt auf dem ganzen Areal. Um in mein Zimmer zu gelangen, muss ich etwa zehn Meter über den Strand gehen. Und da stehen die Händler immer und lauern auf mögliche Kundschaft. Der Versuch, sie zu verjagen, kümmert sie nicht. Sie bleiben einem einfach auf den Fersen. Deshalb ist der Strand nur für Hartgesottene.

Obwohl das Hotel ein ganzes Stück vom Dorf entfernt ist, bekommen wir was vom Leben draußen mit. Im Augenblick wird das Krishna-Festival gefeiert. Das heißt, morgens ab fünf bis in die späte Nacht spielt Musik. Diese fremdartigen Klänge stoßen nicht unbedingt auf das Wohlgefallen westlicher Ohren. Doch in meinem abgelegenen Zimmer höre ich nicht allzu viel davon. Gestern war der Höhepunkt. Da kamen Priester auf einem geschmückten Elefanten und segneten alle Häuser im Ort. Ich wette, der Elefant stand unter Drogen, denn direkt neben ihm wurden Böller abgeschossen, und er hat nicht mal mit den Ohren gewackelt. Die Atmosphäre war gespenstisch und geheimnisvoll und die Trommelklänge verursachten mir Gänsehaut. Das wird noch ein wenig so weitergehen, denn das Krishna-Festival dauert insgesamt zwei Wochen. Ich versuche, herauszubekommen, was da nun gefeiert wird, aber ein Inder meint, ich würde das sowieso nicht verstehen. Das wäre auch nicht nötig. Es reiche, wenn ich mitmache.

18. März 2005

Oh, dieses Butterschmalz!

Ich sitze neben dem Arzt auf der Terrasse, ein Diener bringt auf dem Silbertablett das Ghee und ein Glas Wasser. Ich sage dem Arzt, dass ich es nicht hier trinken möchte, sondern irgendwo, wo ich mich gut übergeben kann. Der Arzt sagt, das kommt nicht infrage. Das Ghee muss drinnen bleiben. Ich finde es aber jeden Tag ekliger und komme an meine Grenzen – und staune. Ich übergebe mich normalerweise nur, wenn ich was wirklich Schlechtes gegessen habe. Überfressen oder Nervenkrieg hält mein starker Magen gelassen aus. Deshalb habe ich mich schon gefragt, wie die bei mir das Erbrechen einleiten wollen. Aber nun weiß ich, das wird ganz einfach sein. Jetzt wird aber nicht erbrochen, und wenn ich nicht mehr kann, muss ich nicht mehr weitertrinken. Ich bin heldenhaft. Nase zu und rein mit dem Zeug. Ich schaffe ziemlich viel, aber dann bin ich drauf und dran, die so mühsam aufgenommene Flüssigkeit wieder nach draußen zu befördern.

Bei der Massage beruhige ich mich langsam wieder. Deepa erzählt mir, dass die Massage verjüngend wirkt. Sie ist nicht nur handfest, sondern zwischendrin sehr sanft, auch werden bestimmte Akupressurpunkte gedrückt. Bevor sie beginnt, macht Deepa erst mal eine rituelle Geste wie eine Bekreuzigung, dann bekomme ich einen Tupfer Öl auf die Stirn, auf die Hände und auf die Fußsohlen. Es ist ein dunkelrotes, mit Kräutern versetztes Kokosöl. Damit massiert sie auch meinen Kopf, Haare und Kopfhaut werden mit einer Inbrunst massiert, dass ich befürchten muss, am Ende meines Aufenthaltes kahl zu sein. Aber Deepa behauptet, meine Haare würden davon besser wachsen. Anschließend geht es mit dem restlichen Körper weiter. Bei der Nasenreinigung bekomme ich Öl in die Nase eingeträufelt, dann massieren zwei Frauen gleichzeitig meine Hand- und Fußflächen, bis sie vor Hitze glühen.

Anschließend geht es mit der Pudermassage weiter, die von meinen Synchronmasseurinnen Jyoti und Usha gemacht wird. Auch sie werden mir für die Dauer der Therapie erhalten bleiben. Die beiden sind unglaublich: Der Druck, der Rhythmus, alles stimmt, und ich habe den Eindruck, von einem vierhändigen Wesen massiert zu werden.

Mir geht die heutige Yogastunde noch nach. Sie wird immer mit Meditation abgeschlossen und der Lehrer hält dann noch eine kleine Vorlesung über das wahrhafte spirituelle Leben. Richtig atmen kann ein um Jahre längeres Leben bringen, und gute Meditation hat unbestreitbare Vorteile. Heute ging es um den Tod. Wenn ein echter Yogi merkt, dass seine Zeit gekommen ist, entlässt er seinen Geist ins Universum, zurück bleibt die leblose Hülle. Kein Yogi quält sich mit Schläuchen und Maschinen in einem Krankenhaus. Ein echter Grund, Yoga intensiver zu praktizieren.

Nach der Behandlung gehe ich an den Strand und sehe Thomas, einen Einheimischen, der zum Ärger des Hoteldirektors immer da ist. Er ist sehr aufdringlich, hat andererseits aber ein sehr feines Gespür dafür, was die Touristen wollen. Ich habe den Eindruck, dass er sich in der Rolle des Maklers versucht. Mich nimmt er zu einer

Tempelfeier mit ins Dorf. Riesige Lautsprecher sorgen für eine weiträumige Beschallung. Dazu versuchen sich mehrere Musikgruppen gegenseitig zu übertönen. Die Böller, die auch noch abgeschossen werden, gehen fast unter. In dieser Geräuschkulisse schreitet ein geschmückter Elefant mit Devotionalien um den Altar. Es werden Blumen gestreut und Kerzen angezündet.

Dann zeigt Thomas mir den neuen Arbeitselefanten, den das Dorf wegen des Krishna-Festivals bekommen hat. Sehr beeindruckend. Dennoch finde ich den Umgang mit den Einheimischen schwierig. Sie sind sehr freundlich und neugierig. Dann wieder bekomme ich den Eindruck, dass alles nur aufgesetzt ist. Das schwankt die ganze Zeit hin und her und ich weiß nicht, was nun stimmt.

Das Hotel liegt direkt an einem kleinen, gepflegten Strand. Wenn man durchs Dorf geht oder über Felsen klettert, kommt man in die nächste Bucht, wo sich der riesige und wunderschöne Dorfstrand befindet. Unendlich lang, unendlich breit, weicher Sand und jede Menge Palmen. Heute habe ich durch ein Labyrinth enger, hoher Gassen des Dorfes den Zugang zu diesem Strand gefunden. In den Ecken der Gassen muss man aufpassen, dass man nicht in Scheiße tritt. Menschenscheiße. Die Inder sind diesbezüglich ziemlich ungeniert. Gelesen habe ich das schon mehrfach. Jetzt erlebe ich es. Möglicherweise ist das der Grund dafür, dass diese paradiesartigen Strände so unberührt sind. Derartige Sitten halten die Touristen fern.

Schwimmen im Meer verträgt sich nicht sonderlich mit Ayurveda, da es den Ausscheidungsprozess der Haut unterbricht. Aber ich kann nicht auf alles Rücksicht nehmen. Morgens trinke ich erst mal artig meinen Ingwer-tee, dann verdaue ich, ebenfalls artig. Anschließend gehe ich ins Meer. Danach habe ich eine gute Stunde Yoga, um hinterher mein köstliches Butterschmalz-Frühstück einzunehmen. Dann brauche ich ein wenig Entspannung. Wenn es nicht zu heiß ist, mache ich einen Spaziergang am menschenleeren Dorfstrand. Ansonsten ruhe ich mich viel aus und lese, hier im Hotel gibt es nicht nur jede Menge gute Bücher, sondern eine persönliche Liege und eine Hängematte für jeden Gast.

Meistens habe ich nach dem Essen meine Anwendung, die gut zwei Stunden dauert. Danach hänge ich ölig oder pulvrig in meinem grünen Kimono herum, der aus einem ölfesten Material ist und den jeder nach der Behandlung bekommt.

Also wimmelt es nur so von grünen Frauen. Die Männer gehen auch in Grün, aber von denen wimmelt's nicht. Die Behandlung soll man so lange wie möglich einwirken lassen. Richtig Freizeit hat man wenig. Zwischendrin ein Spaziergang, eine Pirschtour mit der Kamera. Durch das lockere Umfeld findet man aber immer jemanden zum Reden, und so geht ein Gutteil der Zeit mit Schwätzchen drauf.

20. März 2005

Süßes Leben – so anstrengend

Der Arzt ist nicht zufrieden mit mir. Heute habe ich nur fünfzig Milliliter Ghee runtergewürgt, viel zu wenig. Inzwischen weiß ich, dass die Pudermassage den Stoffwechsel ankurbelt. Von den Ärzten und dem sonstigen Personal wird man kaum aufgeklärt. Man hat dem Arzt zu vertrauen, der schon das Richtige tut, und man bekommt nur auf Umwegen heraus, weshalb man etwas machen muss. Dadurch, dass das gelbe Pulver in meine ölfeuchte Haut einmassiert wird, habe ich mittlerweile eine ungesunde Farbe, die sich auch durch Waschen nicht ändert.

Gelegentlich werde ich kritisch beäugt, denn die Pulvermassage ist nicht Standard, und so sehe ich als Einzige besorgniserregend leberkrank aus. Das Gelb muss ich ausschwitzen. Da man hier immer schwitzt, hinterlasse ich überall gelbe Spuren. Das ist mir peinlich, ich kann's aber nicht ändern. Das Putzpersonal hat gut zu tun. Alles ist voller fettiger, manchmal auch abfärbender Menschen, aber es ist immer alles sauber. Wie die das machen? Zusätzlich bekomme ich Tabletten, die Fett schmelzen sollen. Wenn sie wirklich funktionieren würden, wäre Indien das reichste Land der Welt.

Gestern war so ziemlich der anstrengendste Tag meines Lebens. Dabei habe ich gar nicht viel gemacht. Nachdem ich diversen Leuten versprochen habe, bei ihnen etwas zu kaufen, ging ich auf Tour. Zuerst ging ich zum Schneider neben dem Hotel. Natürlich ist er aufdringlich, aber eigentlich doch ganz nett. Er soll mir eine Hemdbluse machen. Er gibt keine Ruhe, bis ich eine Hose dazu nehme.

„Oh Ma'am, schauen Sie doch nur, was für ein schöner Stoff! Ich mache Ihnen eine Hose zum Sonderpreis. Weil Sie es sind."

Dann soll ich mir fast umsonst eine zweite Garnitur machen lassen. „Ma'am, wenn ich Ihre

Maße übertrage, kann ich einen zweiten Stoff darunterlegen. Das kostet fast nichts. Und schauen Sie nur! Fassen Sie mal an! Sie werden so schön aussehen!" Nicht, dass ich ihm das unbedingt glauben würde, aber total unempfänglich bin ich auch nicht für Schmeicheleien. Und einen Rock brauche ich seiner Ansicht nach auch. „Ma'am, jetzt haben Sie so schöne Blusen und keinen Rock dazu! Das geht doch nicht!" Schließlich handle ich einen günstigen Preis aus. Ich zahle an. Er segnet mich, er segnet sich, er segnet das Geld und legt es auf den Hausaltar. Dann schenkt er mir ein Tuch, weil ich das erste Geschäft des Tages bin.

In Indien ist das Leben total öffentlich. Die anderen Verkäufer am Strand bekommen sofort mit, dass ich etwas kaufe, auch sie wollen nun verkaufen. Ich will nur noch meine Ruhe und kaufe mich frei. Der Schneider wiederum bemerkt, dass ich fast nicht gefeilscht habe, und im Nu ist ein Wortgefecht im Gange, das man im ganzen Dorf hört. Dann kommt der Schneider und sagt mir, dass er sich mit den Preisen geirrt hat und ich nachzahlen muss und dass die Strandleute Schurken sind, bei denen ich nichts kaufen soll. Er wäre der einzig ehrliche Mensch hier am Strand, weshalb mein Geld am besten bei ihm aufgehoben wäre.

Normalerweise habe ich meine Anwendungen nachmittags, diesmal aber nach einigen Diskussionen mit der Ärztin vormittags, weil ich mit meiner Tischnachbarin Monika eine Stipp-visite in die Backwaters machen will und Monika bald abreist. Sie hat schon alles organisiert und freut sich auf Gesellschaft. Nach dem Besuch beim Schneider lasse ich das Mittagessen aus, weil jegliches Essen unerwünschte Verdauungsvorgänge auslösen kann.

Dann gehen wir los. Die Backwaters sind ein System von Flüssen, Seen und Kanälen, die ganz Kerala durchziehen, allerdings nicht durchgängig. Wir kommen zur Anlegestelle und besteigen ein kleines Boot mit zwei Plastikstühlen, in dem wir durchs Wasser gestakt werden.

Die Backwaters sind ein Traum! Pralle grüne Ufer, Frieden überall, die Zeit ist stehen geblieben. Unser Guide ist gut, erklärt viel, gibt uns Tipps, wo wir was kaufen sollen und wo nicht. Es wimmelt von Vögeln: Reiher, Kormorane, Seeadler, diverse unbekannte Arten und als Highlight Eisvögel. Wir sehen, wie die Fischer mit ihrem Fang an Land kommen, umgeben von Tausenden von Krähen wie bei Hitchcock. Etwas später besuchen wir eine unscheinbare Insel, auf der alles scheinbar regellos wächst, aber wahrscheinlich doch einem System gehorcht. Und was da nicht alles heranreift: Kokosnüsse, Bananen, Papayas, Mangos, Jackfrucht, Granatäpfel, Guaven, Ananas, Gewürznelken, Muskatnüsse, Pfeffer und noch einiges mehr. Sanft dahinfließendes Wasser. Ruhe. Blüten und Früchte in riesiger Fülle. In einem kleinen Handwerksbetrieb werden Kokosfasern hergestellt. Die ganze Familie arbeitet mit, einschließlich der ganz kleinen Kinder, die von allen sehr liebevoll behandelt werden. Jetzt bereue ich ein bisschen, dass ich auf die Rundreise verzichtet habe. Dann wäre ich drei Tage auf den Backwaters gewesen.

Das Taxi bringt uns wieder nach Hause. Ich bin vollkommen fertig. Auf dem Weg in mein Zimmer fängt mich der Schneider ab. Er hat alles sehr schön genäht, aber leider fällt der Stoff so, dass die Teile schlafanzugartig wirken. Na ja, für den Urlaub ist es gut genug. Der Stoff ist jedenfalls angenehm zu tragen. Nach langem Palaver einigen wir uns darauf, dass ich den zunächst ausgemachten Preis zahle, aber noch ein paar Sachen bei ihm bestelle.

Ich gehe zum Abendessen. Und dann passiert etwas, was ich nicht für möglich gehalten hätte:

Ich bin so kaputt, dass ich nicht mal mehr essen kann, obwohl ich einen Bärenhunger habe. Besteck halten, kauen geht vor Anstrengung fast nicht. Nach paar Bissen strecke ich die Waffen und falle ermattet ins Bett. Ich schlafe wunderbar und träume sogar toll.

Ich muss unheimlich tief geschlafen haben. Am Morgen entdecke ich die Spuren eines Palmhörnchens, das ich im Schlaf nicht bemerkt habe. Als ich aufstehe, rast irgendwas durch mein Zimmer, und mir bleibt das Herz stehen. Ein Palmhörnchen flitzt durch das vergitterte Fenster nach draußen und ich staune, dass es durch die kleine Öffnung passt. Diese Tiere sind sehr verspielt und neugierig. Das Tier war in meinem Toilettenbeutel und hat alles Mögliche ausgepackt, aber nichts beschädigt. Manche nennen diese Tiere auch Palmratten. Aber ich möchte bitte Hörnchen! Der Gedanke, possierliche Hörnchen rumhüpfen zu haben ist nett. Der Gedanke, in einer rattenverseuchten Gegend zu leben, einfach widerlich. Diese Tiere sehen aus wie Streifenhörnchen, haben aber keinen so schönen Schwanz. Doch, sie sind eindeutig mehr Hörnchen als Ratten.

21. März 2005

Wechselduschen für die Sinne

Heute habe ich gottseidank mein letztes Ghee-Frühstück. Trotzdem schaffe ich nichts anderes als ein unwürdiges Gewürge.

Wir haben einen neuen Yogalehrer, einen jungen Mann. Schade, der Alte war ein außergewöhnlicher Typ, mit dem hätte ich mich noch gerne unterhalten. Er schien mit einem Fuß in einer anderen Welt zu stehen und wirkte überhaupt ein bisschen wie ein Geist. Er war immer plötzlich da und plötzlich weg, als hätte ihn jemand hin- und hergebeamt. Das hat er mit vielen Indern gemeinsam: Sie wirken, als würden sie wie aus dem Nichts auftauchen. Zum Teil liegt das daran, dass sie barfuß laufen und man sie nicht hört, aber es muss noch ein anderes Geheimnis dahinter stecken. Vielleicht doch irgendwelche spirituellen Dimensionen, von denen wir nichts ahnen?

Kerala ist Indiens Vorzeigestaat. Das Leben ist einfach, aber echtes Elend findet man kaum, und Bettler gibt es auch nicht viel mehr als bei uns. Die Besiedlung ist extrem dicht. Dabei gibt es aber praktisch keine Ballungsgebiete. Aus der Luft sieht das Ganze wie ein dichter Kokoswald aus, aber wenn man näherkommt, sieht man, dass unter jeder Palme eine Hütte steht. Ganz Kerala ist wie ein Riesendorf. Diese vielen, vielen Menschen, die schlicht und ergreifend überall sind, finde ich irritierend.

Was ich ein bisschen vermisse, ist die Möglichkeit zum Spazierengehen. Aber das geht nicht, denn das ganze Hotel ist von einem Kordon aus Scheiße umgeben. Ganz egal wo man entlangläuft, irgendwann kommt der Punkt, wo es stinkt und man über Häufchen stolpert. Die einzige Möglichkeit, dem zu entgehen, ist die Straße, und da stinkt es nach defekten Dieselfahrzeugen, außerdem ist es lebensgefährlich. Indien ist in jeder Beziehung gleichzeitig ein Angriff auf und ein Fest für die Sinne. Immer wieder stolpert man auch über Szenen von ergreifender, überwältigender Schönheit, bei denen alles stimmt und die das Bild vermitteln, die Erde wäre ein friedlicher, paradiesischer Ort.

Gestern war ich wieder am Dorfstrand. Natürlich kamen sofort Einheimische. Die Händler wimmelte ich ab, indem ich gleich laut und deutlich „no shopping" sagte, aber andererseits geht es ohne die Einheimischen nicht. Sie zeigen mir, wo die Krabben wohnen und wo man die Felsen entlangklettern kann, ohne in Scheiße zu treten. Sie erklären mir interessante Dinge. Aber dann fing ein Mann davon zu reden an, dass er gesehen hätte, dass ich mir bei „Shiva" hätte Kleidung machen lassen. Er wäre auch Schneider und bräuchte Business. Ich täuschte Bauchschmerzen vor und ließ mich ins Hotel begleiten. Allein hätte ich den Weg nicht mehr gefunden und mich in den kleinen Gassen verirrt.

In den Palmenhainen am Strand sieht man Männer, die nur einen Mundu tragen, die traditionelle Männerkleidung, die aus einem kurzen, doppelt gefalteten Tuch um die Hüften besteht, und dazu ihren Turban. Sie sprechen niemanden an und werden auch von niemandem angesprochen. Sie sind Underdogs, die aus der allgemeinen Wahrnehmung verschwinden und alle fiesen Arbeiten machen müssen. Man sieht sie oft auf Baustellen arbeiten. Wir haben einen solchen Mann im Hotel. Seine Aufgabe ist es, Kokosnüsse zu pflücken. Er ist ein kleines, zartes Männchen, das außerordentlich geschickt die Palmen hochklettert und oben mit seiner Riesenmachete auf die Nüsse einhackt. Er wirft nur die kranken Nüsse runter, weil sie beim Fallenlassen kaputt gehen. Ansonsten schneidet er eine Traube mit bis zu zehn Kokosnüssen ab und klettert damit runter. Unglaublich! Die Nüsse dürften fast so viel wiegen wie der ganze Mann. Diese an eine Palme geklammert zu balancieren ist heftig und sieht auch sehr gefährlich aus. Die Typen tun mir echt leid.

Ich werde von meiner Reisegenossin Sonja gefragt, wann ich nach Trivandrum gehe. Das ist die nächste Großstadt, oder vielmehr ein riesiges Dorf mit städtischem Kern. Dort gibt es ein paar Sehenswürdigkeiten, die ich mir nicht entgehen lassen soll, auch wenn der Ausflug dorthin extrem anstrengend ist. Die Luft steht dort. Bald wird die Vierziggradmarke erreicht. Tausende defekter Dieselmotoren, offene Abwasserkanäle, Moskitoschwärme. In dieser übervölkerten Stadt steht ein riesiger Maharadscha-Palast, der völlig verkommen ist, weil dem Maharadscha das Geld ausgegangen ist. Prall voll mit Schätzen, die wegen Geldmangel schlecht präsentiert werden. Ein höchst interessanter Markt. Ein toller Tempel, den Nichthindus aber nicht betreten dürfen. Ich werde mich schon sehr fit fühlen müssen, um da hinzugehen.

Am Strand gibt es Hunde. Die wollen mit einem spielen und sind genauso aufdringlich wie die Händler. Aber auch wenn man Tiere liebt: Sie sind nicht geimpft, und Tollwut ist durchaus ein Thema – auch bei Kühen. Heute war ich im Morgengrauen am Strand spazieren. Es sah so friedlich aus. Kein Mensch da. Dafür kamen aber die Hunde und wollten mit mir spielen. Ich konnte mich nur durch eine Flucht ins Meer retten.

Im Dorf liegt ziemlich viel Dreck herum. Und es gibt sehr viele Krähen, eine natürliche Müllabfuhr. Aber irgendwas ist trotzdem anders als anderswo, und heute Morgen ist mir aufgegangen, was es ist: Hier gibt es so gut wie keinen Plastikmüll. Ich hoffe, dass das noch möglichst lange so bleibt. Denn der jetzige Müll ist organisch. Irgendein Lebewesen empfindet ihn als Festschmaus. Aber das Plastik, das wird für immer liegen bleiben. Doch Wohlstand ohne Plastik, geht das? Noch funktioniert es. Vieles ist hier vorbildlich: die Schulbildung, die Familienplanung, die Teilhabe der Frau an der Gesellschaft. Doch derlei kulturelle Errungenschaften gingen bisher immer mit erhöhtem Konsum einher. Bis die Leute hier aber merken, dass weder Krähen Plastik fressen noch dass dieses sich zersetzt, könnte es zu spät sein.

22. März 2005

Geschafft! Kein Butterschmalz mehr

Meiner Ansicht nach ist das qualvoll aufgenommene Ghee schon längst wieder aus dem Körper ausgeschieden und mit Donnern in der Kanalisation verschwunden, aber nach Ansicht des Arztes wirkt es weiterhin als (viel zu niedrig dosiertes) Vollwaschmittel im Körper. Es trennt verklebte Zellen voneinander, fördert den Lymphfluss und löst den Dreck. Und diese dreckstarrende Waschlauge muss dann auf das Radikalste eliminiert werden. Die Vorbereitungen dafür werden bei mir nun eingeleitet. Heute bekomme ich Spezialdiät, aber immerhin richtiges Essen. Außerdem muss ich den ganzen Tag Milch trinken. Das wiederum macht mich zunächst total unglücklich, weil ich Milch von ganzem Herzen hasse. Aber dann fällt mir ein, dass ich ja Kokos und Honig zu mir nehmen darf. Jetzt würze ich meine Milch mit Kokosflocken und Honig, und so schmeckt sie sogar halbwegs.

Das Restaurant hier ist klasse. Es ist von sieben Uhr morgens bis halb zehn abends geöffnet, und jeder kann jederzeit jegliche Mahlzeit verlangen. Es gibt eine Karte mit kostenpflichtigen Gerichten. Die bekommen wir

Deutschen aber erst gar nicht vorgelegt, denn Deutsche sind diszipliniert, sagt der Oberkellner. Die essen sowieso nichts, was der Arzt nicht erlaubt. Und dann gibt es die Karten mit den ayurvedischen Gerichten für die verschiedenen Dosha-Typen. Die hingegen legt der Kellner den Italienern erst gar nicht vor, weil die genau das essen wollen, was der Arzt verbietet. Plus Wein. Als Deutscher bekommt man also die Karte seines Doshas und hat eine nette Auswahl. Ich zumindest. Die Leute mit Vata-Konstitution behaupten, sie dürften nur Kartoffeln und Auberginen essen. Wenn man zwischendurch Hunger hat, kann man Obst haben. Das Personal ist sehr nett und versucht, jeden Wunsch zu erfüllen, so auch den Wunsch meiner Tischgenossin nach Omelett mit Honig und Wassermelone. Jede einzelne Portion wird frisch zubereitet. Die Ernährungsvorschriften sind streng, aber es ist kein Problem, sie einzuhalten, weil es keine Versuchung gibt. Hier gibt es traditionelle Küche aus Kerala und sonst nichts, wobei diese Küche lecker ist. Alle Zutaten sind sehr frisch, es riecht allenthalben verlockend nach tollen Gewürzen, doch der charakteristischste Geruch für die hiesige Küche ist Kreuzkümmel. Es gibt alles, was aus Reis und Linsen irgendwie herstellbar ist und dazu jedes denkbare Gemüse. Kaum ein Gericht ist ohne Kokos in irgendeiner Form denkbar. Scharfe Chilis stehen immer auf dem Tisch, aber das Essen selber ist mild. Erstaunlich viele Gerichte werden mit Joghurtsoße serviert.

Gestern war Deepa krank, und darum hat Usha sowohl die Öl- als auch die Pudermassage vorgenommen. Dazu hat sie mich knapp zweieinhalb Stunden intensiv bearbeitet. Wer schon einmal zwei Stunden einen schweren Brotteig geknetet hat, weiß, was diese Frau leistet! Die Frauen arbeiten acht Stunden am Tag, in der Hochsaison manchmal mehr. Ich frage Usha, ob sie gern massiert. Na ja, so gern nicht, aber eine andere Arbeit gibt es nicht. Nun, die Abneigung merkt man ihr wirklich nicht an, obwohl das Massieren bei dem feuchtheißen Klima eine echte Schinderei ist.

Hier sind irgendwie alle Farben gedämpfter. Das liegt nicht nur am kaum existierenden Plastik, sondern auch an der werbefreien Welt. Keine Cola-Reklame, keine Eistafeln, keine Wimpelchen. Das finde ich ungeheuer wohltuend. Der Aufenthalt im Hotel ist Balsam für meine Nerven. Der Freigang hingegen bleibt strapaziös. Gestern Nachmittag war ich beim Schneider, um meine

Bestellungen abzuholen. Ich habe beim Umrechnen einen Fehler gemacht und einen falschen Preis akzeptiert und trage nun die teuersten Shorts meines Lebens. Und der Schneider feiert ein Fest.

Danach will ich über die Felsen zum schönen Strand gelangen, weil ich Auslauf brauche und nicht durch die stinkenden Gässchen gehen mag. Irgendwann weiß ich nicht mehr, wo ich entlangklettern soll. Plötzlich taucht Schneider Nummer zwei neben mir auf als hätte ihn jemand dort hingebeamt und zeigt mir den Weg. Er begleitet mich auf meinem Spaziergang im herrlichen Sonnenuntergang, den ich nur zu gern allein gemacht hätte. Aber er weicht nicht von meiner Seite. Dann fängt er an, dass er mich wieder bei „Shiva" gesehen hat, und dass er auch Anrecht auf Business habe. So mache ich einen beinahe idyllischen Spaziergang mit insistierendem Schneider.

Bei der Rückkehr ins Hotel kriege ich einen Koller. Am liebsten wäre mir, jemand würde am Strand ein Schild mit „Betreten nicht empfehlenswert" aufstellen. Man wird entweder von Hunden oder von Schneidern verfolgt. Beim Essen jammere ich an unserem Weibertisch fürchterlich über meine Erlebnisse. Edda baut mich ein wenig auf. Sie ist schon grau. Sie gibt zu, dass das ein Riesenvorteil ist. Sie fährt oft nach Indien. Dabei ist sie immer alleine unterwegs. Es ist nicht problemlos, aber total faszinierend. Das allerwichtigste Gebot lautet: Lass dich nie, nie, nie mit Indern in deiner unmittelbaren Umgebung ein. Nichts am Strand kaufen, alle Leute mit einem barschen „piss off!" verjagen. Edda sagt, Inder wären ständig um einen herum, lästig, aber harmlos.

Mit meinen Tischgenossinnen glucke ich oft zusammen und wir führen uns wie ein spätpubertäres Mädchenpensionat auf. Beim Essen schieben wir gegen den Willen der Kellner die Tische zusammen und reden. Da alle Frauen entweder kaputte Nerven, eine verletzte Seele oder ein gebrochenes Herz haben, fließen immer wieder Tränen, denn die Behandlung macht uns unheimlich sensibel. Danach sind wir umso lustiger, obwohl wir nur Kräutertee und Fruchtsäfte trinken. Wir unterhalten uns über die monumentalen Hindi-Filme aus Bollywood. In jedem dieser Epen muss ein Paar zusammenfinden. Es gibt immer eine Szene in den Alpen und eine, in der eine Frau mit Sari in den Regen gerät, sodass sich ihre Körperformen abzeichnen. Filmküsse sind strikt verboten.

Edda sagt, Rita und ich sollten unbedingt mal ins Kino gehen und uns einen solchen Film reinziehen, das wäre ein echtes Erlebnis. Und Ohropax mitnehmen, da der Film in Discolautstärke gespielt wird. Im Moment fühle ich mich eher schlapp, das ist aber normal. Doch irgendwann werde ich anfangen, vor Energie zu bersten. Ich nehme mir vor, dann ins Kino gehen.

23. März 2005

Der Schneider als Lehrer

Nun ist bei mir das Erbrechen angesagt und die Vorbereitungen beginnen. Meine Zimmernachbarin Martha findet, dass das ein Privileg ist. Wer außer mir hat sonst noch diese Ehre? Martha arbeitet im Kosmetikbereich und macht mich auf die tollen Haare der Frauen aufmerksam. Fast alle Frauen haben hüftlange, gesunde, bis in die Spitzen kräftige Haare. Das kommt vom Kokosöl, mit dem sie ihre Haare einreiben, erklärt sie. So einfach kann es sein, aber leider sehen europäische Haare voller Kokosöl einfach drittklassig aus. Was mir aufgefallen ist, sind die schönen Zähne, die hier fast alle haben. Ein

Zahnpastalächeln zum Neidischwerden. Und eine total rosa Zunge haben sie, ohne die geringsten Ablagerungen. Klar, es gibt keine Süßigkeiten, kein Junk oder Fast Food. Hoffentlich bleibt es noch lange so. Außerdem sind die meisten Menschen schlank, fast dünn und drahtig. Nur die Priester und Ärzte sind wohlbeleibt.

Martha ist eine außergewöhnliche Frau. So liegt sie zum Beispiel mit ihrer Schwester völlig unbehelligt am Strand. Ich frage sie, wie sie das macht. Sie versteht meine Frage gar nicht. Wo ist das Problem? Ich erzähle ihr die Geschichte vom aufdringlichen Schneiderlein. Sie lacht sich tot und sagt, ich wäre das Problem und nicht Indien. Wenn ich was beim Schneider kaufen will, soll ich kaufen und Schluss ist. Und wenn nicht, soll ich ihn mit paar freundlichen Wünschen wegschicken. Mein Problem ist, dass mir die Leute einerseits leidtun, ich andererseits aber nicht allen etwas abkaufen kann und will. Und solange sie diesen Zwiespalt merken, werden sie mich unnachgiebig verfolgen. Ich soll dem Schneider dankbar sein, er macht mich darauf aufmerksam, dass ich noch an mir arbeiten muss, meint Martha. Mag sein, trotzdem möchte ich meine Ruhe haben. Immerhin, die Männer bleiben anständig und korrekt und fassen einen nicht an.

Martha sagt, eine alleinreisende Europäerin ist in Indien ziemlich sicher. Die soziale Kontrolle ist so ausgeprägt, dass keiner ihr was tun wird. Deckt sich mit dem, was Edda sagt. Abends gehe ich zum Strand, wild entschlossen, dem Schneider eine Abfuhr zu erteilen. Und was passiert? Kein Schneider, kein Hund. Lediglich ein paar Schuljungs, denen ich keinen Kuli geschenkt habe, begrüßen mich euphorisch.

Zuvor äußere ich Martha gegenüber meine Skepsis über die im Ayurveda verwendeten Brachialmethoden, aber auch hier legt sie mir detailliert dar, welch große Vorteile das hat. Schließlich gilt Erbrechen auch in der westlichen Medizin als Reinigungsmethode. Ich bin jetzt ein wenig gelassener.

Ob jemand genug Ghee intus hat, zeigt sich daran, dass das Ghee aus den Poren kommt. Der Arzt untersucht meine Haut sorgfältig und ist nicht zufrieden. Nach meiner Anwendung muss ich deshalb noch mal ein Glas Ghee trinken! Dabei hatte ich mich so gefreut, dass es vorbei ist. Überhaupt war der Tag ernährungstechnisch schwierig. Nach meinem ersten richtigen Frühstück bekam ich ein tolles Fischcurry mit Joghurtsoße und Ananasstückchen zum Mittagessen. Lecker! Ich esse die Hälfte und bin satt.

Doch dann kommt der Kellner und sagt, ich müsse alles verspeisen. Bevor mein Verdauungssystem geleert wird, muss es prall gefüllt werden. Er bleibt neben mir stehen und passt auf, dass ich auch brav esse. Bald gucken alle Gäste, und ich komme mir vor wie im Sketch von Loriot mit der Kalbshaxe, wo ein Mann unter den gnadenlosen Augen aller Restaurantbesucher diese Haxe essen muss.

Abends muss ich glücklicherweise nicht viel essen (ich habe ja den Bauch voll Ghee), aber ich muss massig Milch trinken. Mein Bauch ist so voll, dass ich nicht schlafen kann. Aber das ist nicht so schlimm, da ich hier ohnehin nicht gut schlafe. Das liegt hauptsächlich an der Hitze und am Geräuschpegel. Spätestens, wenn die Flut kommt, wache ich auf. Die kommt mit Donnergrollen und Getöse, dass man meint, die Welt gehe unter. Danach kann ich oft nicht mehr einschlafen. Aber das macht nichts, am nächsten Tag muss ich ja nicht zur Arbeit.

24. März 2005

Ein Tag zum Kotzen

Nach der durchwachten Nacht muss ich ins Dampfbad. Das sieht lustig aus. Man muss in einen Holzschrank, aus dem oben nur der Kopf herausschaut. Dann wird Dampf eingelassen. Eine gefühlte Viertelstunde schwitze ich im Kräuterdampf. Dazu muss ich sagen, dass ich keine normale, sondern eine richtige Hardcore-Behandlung bekomme, weil sonst meiner Bronchitis nicht beizukommen ist. Erbrechen ist eigentlich Bestandteil der 51-Tage-Kur, und dass jemand mit nur 21 Tagen das machen muss, ist die absolute Ausnahme. Auch sind drei und nicht acht Tage Ghee die Regel.

Nach dem Dampfbad gehe ich in den Behandlungsraum. Da steht ein Hocker und davor ein großer roter Eimer. Auf dem Tisch eine ganze Batterie Gläser voller Milch. Die Milch ist mit salzig schmeckendem Brechmittel versetzt. Meine Synchronmasseurinnen Usha und Jyoti warten auf mich, Arzt und Ärztin sind auch da. Ich komme mir vor wie im Kreißsaal. Die Ärztin reicht mir das erste Glas. Der Arzt sagt, ich müsse mehrere Gläser hintereinander auf Ex trinken und feuert mich hebammengleich an: „Weiter, weiter, du schaffst das! Und noch einen Zug! So ist es gut!"

Ich saufe das Zeug mit Todesverachtung, die Mädels massieren mir den Rücken und tupfen mir den Schweiß ab. Dann drückt mir der Arzt mit einem trockenen Ruck seinen Arm in den Magen, worauf ich einen satten Schwall produziere. Er schwenkt den roten Eimer und begutachtet den Inhalt sorgfältig. Er ist nicht zufrieden. Also noch eine Runde. Und noch eine und noch eine. Ich trinke so vier bis fünf Liter salzige Milch. Dann bin ich einfach am Ende. Ich schwitze wie verrückt, mein Puls rast, ich japse und meine Augen tränen. Der Arzt bricht bedauernd ab, weil immer noch ein bisschen Lungenobstruktion in mir steckt. Wie er das erkennt, ist mir ein Rätsel. Aber ich kann nicht mehr.

Ab auf die Liege. Die Ärztin fächelt mir mit einer braunen Tüte Luft zu. Nach zehn Minuten geht es mir deutlich besser und ich werde wie eine Schwerkranke in mein Zimmer begleitet und zu drei Stunden Bettruhe verdonnert, die ich nur unterbrechen dürfe, um auf die Toilette zu gehen. Es wäre nämlich wünschenswert, dass ich Durchfall bekäme. Dann macht sich meine Leber bemerkbar. Sie zappelt in meinem Bauch wie ein Kind. Nach zehn Minuten gibt sie Ruhe, dafür meldet sich der Durchfall. Danach geht es mir bemerkenswert gut, das heißt, meinem Kopf. Ich bin etwas schwindlig, selbst ein paar kleine Schritte strengen mich maßlos an und die Müdigkeit meiner Glieder ist grenzenlos, aber mental geht's mir irre gut, ich habe auch keine Schmerzen, fühle mich nicht unwohl. Der Rest des Tages ist schwierig. Ich berste vor Energie, aber mein Körper kommt nicht mit. Ich traue mich nicht vom Hotelgelände und laufe dort wie ein ruheloser, aber schlapper Tiger umher.

Ich denke, dass die Kur für mich ab jetzt besser wird. Und ich kann nur hoffen, dass ich mich diesen Qualen nicht umsonst unterworfen habe.

25. März 2005

Indisches Leben

Ich schaue den Fischern zu, wie sie sich morgens zum Auslaufen fertigmachen. Die Fischerboote sind eigentlich Flöße, etwa einen Meter breit und fünf Meter lang. Jeden Abend werden die Bohlen auseinandergenommen und morgens wieder zusammengesetzt. Damit fahren sie zu mehreren raus und tauchen nach

Meergetier und Muscheln. Dann paddeln sie zum Markt von Vizhinjam und dann nach Hause zurück. Sie wollen die Touristen gerne mit rausnehmen, aber die würden dann stundenlang in der prallen Sonne auf dem Wasser sitzen und ich glaube nicht, dass jemand das aushalten würde. Ich achte sehr darauf, nicht zu viel Sonne abzubekommen, denn sonst könnten die Massagen infernalisch werden.

Neulich habe ich mir mein Schnorchelzeug geschnappt, obwohl mir klar war, dass man nicht viel sehen würde, weil das Meer zu aufgewühlt war. Dennoch habe ich direkt am Strand zu meiner großen Überraschung jede Menge bunte und vielgestaltige Fische gesehen. Am Strand hatte ich auch einen denkwürdigen Dialog mit einem Fischer. In einem Land, in dem die Geburt einer Tochter allgemein als Unglück gilt, entwickelt sich das folgende Gespräch für mich völlig unerwartet.

Er: „Wie viele Kinder hast du?"

Ich: „Einen Sohn."

Er: „Und eine Tochter auch?"

Ich: „Nein, nur diesen einen Sohn."

Er: „Ach, das ist aber wirklich schade, dass du keine Tochter hast!"

Das haut mich so um, dass mir nichts mehr einfällt.

Inder kennen keine Privatsphäre. Kein Mensch ist mit sich beschäftigt, jeder mit dem Nächsten. Vom Personal weiß jedermann alles über jeden von uns. Dadurch ist der Service sehr persönlich und man fühlt sich sehr aufmerksam umsorgt. Inder jedoch, die sich länger im Westen aufgehalten haben, tun sich mit dieser allgegenwärtigen Überwachung schwer und sie bekommen Probleme, wenn sie nicht dem für sie vorgesehenen Lebenslauf folgen wollen.

Das wichtigste Ereignis im Leben eines Inders ist die Hochzeit. In Kerala werden Frauen bei Weitem nicht so schlecht behandelt wie im restlichen Indien, aber dennoch schlecht genug. Praktisch alle Frauen sind verheiratet, während es aufgrund des Männerüberhanges eine ganze Reihe lediger Burschen gibt, die ihren Zustand als großes Unglück empfinden.

Als Deepa mich massiert, meint sie, meine Eingeweide wären nun in einem deutlich besseren Zustand. Mit Deepa habe ich überhaupt Glück gehabt, sie ist eine der Star-Masseurinnen. In der Nebensaison beginnt Dr. Franklin seine Tour durch die Welt, um seine Methode zu verbreiten, und Deepa gehört zu denen, die er mitnimmt. Sie ist schon ganz schön in der Welt herumgekommen und war schon mehrmals in Deutschland, wo es ihr allerdings nicht gefallen hat. Das Essen fand sie geradezu horrormäßig. Viel zu viele Mehlspeisen und klebrige Soßen. Dr. Franklin ist sowohl bei den Patienten als auch beim Personal herzlich unbeliebt, weil er sehr streng und unnachgiebig ist, und ich meine auch, eine leichte Verachtung für die genusssüchtigen Europäer bei ihm zu spüren. Deepa hingegen verehrt ihn als eine Art Gott, und auch die ernstlich kranken Patienten halten sehr viel von seinem Können.

Es gibt im Ayurveda verschiedene Richtungen:

Da ist zum einen das ursprüngliche, durchaus kernige Ayurveda, das z.B. von Dr. Franklin vertreten wird und der verzweifelt gegen das verwässerte Wellness-Ayurveda kämpft. Dann ist in Deutschland noch das Maharishi Ayurveda sehr bekannt, das als Sekte gilt, vor der die Bundesregierung warnt, weil labile Menschen Schäden durch das Praktizieren der Maharishi-Techniken erleiden können. Schließlich gibt es noch das Etikett „Ayurveda", welches alle möglichen Wellness-Anwendungen bezeichnet, jedoch wenig mit der reinen Lehre zu tun hat. Ayurveda gilt in Europa allgemein als sanft, aber meine

Behandlungen sind der leibhaftige Beweis dafür, dass es auch anders geht.

Gestern fingen die Wohlfühl-Tage an. Nach der Massage bekam ich einen Shirovasti zur Kopfreinigung. Ich bekam nach mühsamer Anpassung einen Zylinder auf den Kopf, wie Nofretete einen trägt. Dann kam warmes Öl rein. Während es einwirkte, wurde ich ganz sanft an Brust und Rücken massiert. Da kann man sich schon vorstellen, dass sich alle schlechten Gedanken in Öl auflösen. Danach soll und kann man gründlich entspannen.

Ansonsten wird mein Wohlgefühl durch die Tatsache getrübt, dass mein Camcorder kaputt ist. Ich frage nach, was ich machen könne, und man rät mir, nach Trivandrum in ein Fotogeschäft zu fahren. Und am besten gleich, denn die Fotohändler sind Christen, und die machen über Ostern ihre Geschäfte zu. Ich lasse also den Taxifahrer von der Rezeption briefen und fahre nach Trivandrum. Die Stadt ist eng, dreckig, stickig, laut, hat aber dennoch einen morbiden Charme. Die Garküchen, Verkaufsstände, Haustempel und das Gewusel wirken wie die Kulisse eines exotischen Films.

In den ersten drei Geschäften haben die Leute noch nie einen echten Camcorder gesehen. Das nächste Geschäft ist auf der anderen Straßenseite. Nur, wie komm ich rüber? Nach etlichen, fehlgeschlagenen Versuchen erbarmt sich der Taxifahrer. Er verlässt sein Gefährt, nimmt mich am Arm und bringt mich über die Straße. Es ist so einfach, wenn man weiß wie. Das Geschäft ist wieder nichts, aber den Rückweg schaffe ich alleine und bin ganz stolz auf mich. Das System habe ich allerdings nicht verstanden. Ich hatte einfach Glück. Ich sage dem Fahrer, dass es keinen Zweck habe und dass ich zurück wolle. Er fährt mich dennoch zu einem anderen Geschäft. Da kann ich immerhin eine dichte Fototasche und paar Päckchen Silicagel erstehen. Ich packe die Kamera in die Tasche und stelle sie in den Kühlschrank. Heute Morgen mache ich sie an und hurra! Der Bildschirm geht wieder! Dafür taucht aber eine Fehlermeldung mit der Penetranz eines indischen Strandverkäufers auf, und die Kamera filmt nicht. Jetzt muss ich spirituelle Größe beweisen und einfach mal davon ausgehen, dass das nicht so schlimm ist. Keine ganz einfache Sache.

27. März 2005

Wohlbehagen

Das Leben ist schön! Nicht nur, weil die Kamera plötzlich wieder geht, sondern auch wegen der Wellness-Anwendungen. Die spirituelle Größe ist nun nicht mehr notwendig, und das ist gut so, weil ich darin wahrlich keine Meisterin bin.

Mein Anwendungsplan hat sich geändert. Erst habe ich Ölmassage, das gelbe Pulver bin ich glücklicherweise los. Danach kommt Shirodara, der Stirnguss. Der wirkt wie eine Reise durch Raum und Zeit. Als der Stirnguss um ist, komme ich von sehr, sehr weit zurück in die Welt und habe danach das Gefühl, schon seit Jahrhunderten hier zu leben. Als Nächstes kommt das Ölbad dran. Dabei legt man sich in eine flache Wanne und wird die ganze Zeit mit warmem Öl übergossen und synchron massiert. Man fühlt sich völlig hilflos und rutscht ohne Halt herum. Ich gehöre zu denen, die das schön finden. Am Ende wird das Öl mit einem Palmblatt von der Haut abgestreift, und dann ist man so sauber wie eine frisch geputzte Fensterscheibe.

Danach kommt die Ärztin und will wissen, wo genau mir der Rücken wehtue. Ich zeige es ihr.

Bisher war ich ein wenig enttäuscht, weil die Masseurinnen nie so richtig auf meinen Rücken eingehen wollten. Nun formt Usha aus Brotteig einen Wall, klebt ihn um die schmerzende Stelle und gießt ein scharfes Öl rein, das dann eine Weile einwirken muss. Jedenfalls steht jetzt mein Rücken im Mittelpunkt und ich habe ein paar Tage Ruhe von den anderen Behandlungen für den Verdauungstrakt. Damit habe ich mehr Bewegungsfreiheit und kann endlich nach Lust und Laune filmen, die Welt ist in Ordnung.

So furchtbar das Erbrechen war: Mich haben jetzt mehrere Leute angesprochen, was ich denn getan hätte, ich würde plötzlich so viel besser aussehen. Zudem ist meine Zunge beinahe rosa wie die der meisten Inder. Ich weiß nicht, ob der Vorgang Endorphine freigesetzt hat, ich bin jedenfalls verdammt gut drauf. Martha, die ja schon früher gesagt hat, dass das Erbrechen ein ganz besonderes Privileg wäre, findet mein Wohlbefinden völlig logisch. Ich hätte mich schließlich beschwert, dass vieles zum Kotzen wäre, und das ist jetzt raus. Nicht nur körperlich, sondern auch mental habe ich mich mit den Umständen angefreundet. Die Inder sind halt neugierig. Wenn sich zwei fremde Hunde begegnen, müssen die sich auch erst mal beschnüffeln. Nur dass der indische Hund gar nicht auf den Gedanken kommt, dass der europäische Hund gar nicht beschnüffelt werden möchte. Nachdem man die wichtigsten Eckdaten getauscht hat (Name, Familienstand, Kinder, Herkunftsland), trollen sich die meisten wieder. Dem Schneider zwei habe ich mittlerweile ganz freundlich klar gemacht, dass ich ihm nichts abkaufen werde, worauf er ziemlich sauer verschwand. Und die ganzen Scheißhaufen ... na ja, wir sind halt in Indien.

Ich muss das alles nur drei Wochen aushalten, andere hingegen ein Leben lang. Hinzu kommt, dass man immer unter Beobachtung steht. Am Tag vor meiner Abfahrt nach Indien habe ich mir noch einen seichten zeitgenössischen Roman einer indischen Autorin gekauft, ein angeblich lustiges Buch à la Gaby Hauptmann. „Du musst nicht glücklich sein, nur verheiratet" von Kawita Daswani. Eine Inderin lernt die westliche Lebensweise schätzen, ihre Familie möchte aber, dass sie sich den Traditionen unterwirft. Das ist sehr lustig beschrieben und noch vor Kurzem hätte ich mich wohl auch totgelacht, aber wenn man Einblick in die Verhältnisse hat, bleibt einem das eine oder andere Lachen im Halse stecken.

Ansonsten habe ich mir zum Lesen schweren Stoff mitgenommen, ich dachte mir, wo soll ich den lesen, wenn nicht bei einer Kur. Doch ich vertrage momentan nur Leichtes, das betrifft auch den Geist.

Im Augenblick darf ich behandlungshalber nicht schwimmen, und schon gar nicht im Meer. Das ist im Prinzip hart, doch derzeit ist das Meer so aufgewühlt, dass Schwimmen unmöglich ist. Das erspart mir einen Konflikt, aber für die Fischer ist die Lage schlimm. Die sind sowieso übel dran, gehören sie doch in dieser offiziell kastenlosen, modernen indischen Gesellschaft in die niedrigste Kaste, zu denen, mit denen niemand aus den anderen Kasten redet und die auch niemanden ansprechen dürfen. Sie sind unabhängig von ihren Fähigkeiten dazu verdonnert, drittklassige Berufe auszuüben. Und deren Kinder auch, selbst wenn sie in der Schule Überflieger sind. Ausnahmen bestätigen die Regel. Das ist die negative Seite einer ansonsten toleranten Religion mit so vielen Göttern, dass praktisch jeder, egal was er tut, ein gottgefälliges Leben führen kann. Wenn man einem armen Menschen hilft, sammelt man Karmapunkte fürs nächste Leben. Das ist mit der christlichen Nächstenliebe vergleichbar. Wenn man aber einen armen Menschen missachtet und ihm jegliche Unterstützung verwehrt, hilft man ihm sein eigenes Karma zu erfüllen, denn der Mensch hat sich seine Portion Leiden durch Verfehlungen in seinem Vorleben erworben. So gesehen ist es edel und gut, Menschen schlecht zu behandeln. Das ist für unsereins gewöhnungsbedürftig. Egal, ob man sich gut oder schlecht benimmt, es wird sich immer ein Gott finden, der das honoriert.

Deepa ist Christin und will wissen, ob ich in die Kirche gehe. Mein Nein bestürzt sie, aber Europäer wirken auf Inder sowieso komisch. Ich hingegen will wissen, ob ihr Mann auch Christ ist.

„Aber natürlich!"

„Wieso, Hindus oder Moslems sind doch auch Menschen ..."

„Oh nein!" Vermischung der Religionen gibt es nicht! Die Ehen werden nach wie von den Eltern arrangiert und diese achten auf so was. Ich frage sie, wie sie ihren Mann kennengelernt hat. Sie hat ihn sich selbst ausgesucht, ihre Eltern haben nur geprüft, ob er als Ehemann infrage kommt.

Ihr Mann arbeitet ebenfalls im Hotel als Masseur. Ich frage sie, ob sie ihn bei der Ausbildung kennengelernt hat. Nein. Ihr Mann war früher im Metall verarbeitenden Gewerbe, schrecklicher Beruf, viel Lärm und ständig Hautkrankheiten. Das volle Gehalt gab es nur bei totaler Auslastung. Sie hingegen hat ein gutes Gehalt, das unabhängig davon gezahlt wird, ob es viel zu tun gibt. Außerdem hat sie einen Monat bezahlten Urlaub. Da hat ihr Mann eben den Beruf gewechselt. Beide verdienen gleich viel, was in der hiesigen Gesellschaft wirklich die Ausnahme sein dürfte.

Obwohl die Keraliten sehr gebildet sind (alle können lesen und schreiben) und auch ein gewisses politisches Bewusstsein haben, gibt es eine hohe Arbeitslosigkeit, und zwar aus den gleichen Gründen wie bei uns. Industrie siedelt sich hier kaum an, denn die Keraliten drängen auf die Einhaltung gewisser Standards. Da geht man lieber in Gegenden, wo die Leute noch dankbar sind, wenn eine Fabrik kommt, auch wenn sie die Umwelt zerstört. Somit bleiben für die Leute hier Landwirtschaft (Kokosnüsse und Gewürze), Fischerei, und zunehmend Tourismus und Ayurveda. Aufgrund ihres Fleißes und ihrer Zuverlässigkeit sind die Keraliten gern gesehene Gastarbeiter in den arabischen Emiraten, deshalb sind auch die Flugverbindungen zwischen dem Golf und Kerala so gut.

Die örtliche Sprache ist das Malayalam. Zwar sind Hindi und Englisch auch Amtssprachen, werden aber eher wenig gesprochen. Malayalam leitet sich vom Sanskrit ab und ist total schwierig. Bandwurmartige Wörter, die kein Europäer aussprechen kann. Die Großstadt hier heißt Trivandrum, aber das ist die vereinfachte Version für die Touristen. Bei den Einheimischen heißt die Stadt Thiruvananthapuram, und diesen Namen können sie zweimal aussprechen in der Zeit, in der ein Tourist einmal Trivandrum sagt.

Vordergründig macht alles einen friedlichen Eindruck. Hektik ist ein Fremdwort, das ist für Erholung Suchende Balsam. Doch die üppige Schönheit der Anlage wird teuer erkauft. Ständig rennt einer mit einem Tank voller Gift auf dem Rücken herum. Ich ärgere mich über die Gäste, die sich über die nützlichen und niedlichen rosa Geckos in den Zimmern aufregen, dann kommt nämlich der Giftmann und macht sie tot. Das ist wohl der Grund, warum es außer den unvermeidlichen Krähen keine Vögel gibt. Die Krähen sind feist. Vor den „Einflugschneisen" im Restaurant sind Nylonschnüre zur Abwehr der Krähen gespannt, die Viecher würden sonst den Gästen das Essen von den Tellern klauen. Einen „Vogel" habe ich dennoch immer aufgeregt zwitschern hören und nicht ausmachen können. Jetzt weiß ich, das sind die Palmhörnchen, die Notschreie von sich geben, wenn eine Krähe sich mal wieder Frischfutter holen will.

Gestern waren wir in Kovalam, einem bekannten Badeort am Meer, der von Indern und europäischen Aussteigern aufgesucht wird. Lange Ladenzeile. Ich fand es interessanter, die Leute am Strand zu beobachten. Die Leute gehen in Klamotten ins Wasser. Die Frauen allerdings nur bis zu den Knien, denn mit einem Sari weiter reingehen ist fast eine Garantie fürs Ertrinken.

So schön ein Sari ist: Er wirkt auf mich wie ein Gefängnis für den Körper. Er wird ganz eng um die Hüften gewickelt, die Falten vorne sind nur Staffage. Das andere Ende des Saris wird über die Schulter gelegt, und frau muss sich so bewegen, dass es auch dort bleibt. Ich bin jeden Tag froher, Europäerin zu sein.

28. März 2005

Die Entdeckung des Paradieses

Ich bin mal wieder unterwegs, um neue Spazierwege zu erkunden, aber der Weg ist eine

Sackgasse und endet vor einer Hütte. Als ich umkehren will, kommt ein Mann auf mich zu. Nach der üblichen Begrüßung will er mir etwas Schönes zeigen. Ich bin etwas misstrauisch. Andererseits ist das Dorf zu klein, als dass er wirklich etwas Schlimmes mit mir machen kann. Ich frage ihn nach seinem Beruf. Er ist Hotelangestellter und möchte mir sein Hotel zeigen. Also dann auf! Er lotst mich weiter, mitten über den Hof. Und über den nächsten Hof und auch den übernächsten. Der Weg geht über Privathöfe, wo ist das Problem? Mir ist das peinlich, aber die Bewohner stapeln ungerührt weiter ihre Kokosnüsse, als ob ihnen unsere Gegenwart nichts ausmacht, sie füttern ihre Hühner oder sortieren Muscheln. Hinter dem Dorf beginnt ein Palmenhain, in dem mit Pflöcken Bauplätze abgesteckt sind. Am Ende des Palmenhaines wird tatsächlich der Blick auf das Paradies frei: Ein perfekter Strand, umsäumt von hohen Granitfelsen, so ähnlich wie auf den Seychellen. Und mittendrin ein winziges Hotel mit einem saftig grünen Garten, dessen außergewöhnliche Vegetation mir sofort auffällt. Ein perfekter Ort, wo ich mit Vergnügen einen Tee trinke.

Auf dem Rückweg überfällt mich wieder ein schmusewütiger Hund, läuft zwischen meine Beine, versucht, sich mit mir zu verknoten. Ich werde ihn nicht los und es bleibt mir nichts anderes übrig, als ihm mit meiner Schlappe eins hinten draufzuhauen, um ihn zu vertreiben.

Abends ist Folklore-Vorstellung im Hotel. Eine Frau spielt Vina, ein sehr bauchiges Saiteninstrument mit einer Kalebasse am Hals als Resonanzkörper, begleitet von zwei Männern mit Maultrommel und Tablas, indischen Trommeln. Der Trommler fasziniert mich, denn er trommelt mit jedem einzelnen Finger auf einer definierten Stelle des Trommelfells, er spielt sozusagen Klavier auf der Trommel.

In der Nacht hat es in Sumatra ein Erdbeben gegeben, doch davon haben wir hier nichts mitgekriegt, auch hat damals der Tsunami keine nennenswerten Schäden angerichtet, dafür waren die aber in Mdrs besonders schlimm. Ich brauche ein Weilchen, bis ich kapiere, dass Madras gemeint ist. Aber hier verschlucken sie viele Buchstaben, sonst könnten sie gar nicht so schnell sprechen. Wir sind übrigens nicht in Kerala, sondern in Krrla, wenn man nach der Aussprache der Einheimischen geht.

Ich rede mit Deepa über Kovalam. Sie findet den Ort fürchterlich. Zu viele Hippies. Ich sage, dass es aber voller Inder war. Doch das war nur wegen der Osterfeiertage. Ich berichte ihr über das eigentümliche Verhalten der Inder am Strand, und sie sagt, das Meer wird in Indien generell als etwas unheimliche und eklige Brühe empfunden, und kein anständiger Mensch würde jemals ganz ins Meer gehen. Das erklärt für mich das erstaunlich schlechte Image der Fischer.

Der Kokosmann steht wieder an einer exponierten Stelle, und die Kameras klicken. Er wird sauer. Er wurde auch schon damals, als ich ihn gefilmt habe, ärgerlich, was mich gewundert hat, da die Menschen hier sich ausgesprochen gerne fotografieren lassen. Sie laufen einem regelrecht in die Kamera rein. Ein Kellner kommt und erklärt ihm, dass es in Deutschland keine Kokosnüsse gäbe und dass seine Arbeit für uns eine außergewöhnliche Vorstellung sei. Das scheint ihn zu freuen, doch scheint er auch unschlüssig zu sein, ob er das glauben soll, aber jetzt klettert er voller Stolz die Palme hoch.

29. März 2005

Zweifel

Ich habe meinen Abführtag und gerate richtiggehend in Panik, weil meine Verluste so groß sind. Dass ich auf Abführmittel reagiere, ist klar. Ich fühle mich ganz leer. Doch jedes Mal, wenn ich Wasser trinke, geht es hinten wieder los. Aber der Arzt sagt, das solle so sein. Ich müsse ordentlich durchgespült werden. Mittags gibt es dann wieder Reissüppchen und Kokosnuss. Das ist schon eine kräftezehrende Angelegenheit. Zwischendrin frage ich mich, ob ich noch alle Tassen im Schrank habe, meinen Urlaub zu opfern und einen Haufen Geld zu bezahlen, nur um mich misshandeln zu lassen. Etwas schlapp bin ich immer noch, dennoch geht es mir erstaunlich gut. Ich schwitze wie blöd, und das soll ich ja. Außerdem bin ich nun definitiv leer und normalerweise bekomme ich dann Kopfschmerzen und Muskelkrämpfe, aber hier komischerweise nicht. Der Arzt sagt mir, mein Wohlbefinden läge an den Kokosnüssen, die eine geradezu perfekte Glukose- und Elektrolytmischung bieten. Gereinigtes Kokoswasser wird sogar als Infusion gegeben.

Eigentlich will ich nur schlapp abhängen, aber meine Tischfrauen fahren nachmittags nach Trivandrum in ein Geschäft mit sechs (klimatisierten) Etagen voller Stoffe und Saris, in allen Farben und Qualitäten und nehmen mich einfach mit. Wir kaufen entfesselt. Zum Schluss bekommen wir alle einen Tee, wir haben uns schließlich als sehr gute Kundinnen erwiesen. Dann ist noch der staatliche Laden für Kunsthandwerk dran. Die Anzahl der Angestellten steht im umgekehrt proportionalen Verhältnis zum gebotenen Service. Auf jeden Kunden kommen mehrere mürrische Angestellte, die keinen Zweifel daran lassen, dass man sie belästigt. Das Bezahlen ist ein Abenteuer, das sich an mehreren Schaltern mit vielen Durchschlägen und Stempeln abspielt. Der Verpacker misst das nötige Verpackungsmaterial praktisch mit dem Lineal aus und schneidet es akribisch mit einer großen Schere zurecht. Man kommt sich vor wie auf einer Behörde und nicht wie im Geschäft, wären da nicht die hinreißend schönen Dinge. Schwer mit Tüten und Taschen beladen machen wir uns müde, aber zufrieden auf den Heimweg.

30. März 2005

Sauber bis in den letzten Winkel

Heute steht mein erster Einlauf auf dem Programm, und ich bin gespannt, wie ich ihn vertrage. Die Reaktionen sind sehr unterschiedlich, wie ich von Mitbewohnerinnen höre. Kann sein, dass die Sache nach einer Stunde ausgestanden ist, kann sein, dass ich mich für den restlichen Urlaub zehn Meter im Umkreis von einer Toilette aufhalten muss.

Inzwischen habe ich ein neues Programm: erst Ölmassage, dann sanftes Körperpeeling, bei dem Reissäckchen in Milch getaucht werden, mit denen man abgeschrubbt wird. Man badet sozusagen in Milch. Das gefällt mir sehr gut. Anschließend steht die Rückenbehandlung auf dem Programm, die ganz offensichtlich einen verblüffenden Effekt hat. Mir geht es jedenfalls schon viel besser. Danach wird mir heißer Dampf in die Ohren gepustet. Viele Leute haben sich begeistert darüber geäußert und festgestellt, dass sie dann viel besser hören, ich leider nicht. Dann bekomme ich zum ersten Mal einen Einlauf verpasst, der mir null Probleme bereitet und der ein Kinderspiel gegen das ist, was nun folgt: Augenreinigung mit Ghee! Ein Teigwulst wird um meine Augen gelegt und dann mit Ghee gefüllt. Ich muss die Augen öffnen und schließen, bis ich anfange zu jammern, das Ghee brennt nämlich fürchterlich. Außerdem habe ich den schrecklichen Geruch die ganze Zeit in der Nase. Nachmittags traue ich mich nichts, weil einige Leute nach Einläufen peinliche Verluste erlitten haben und ich deren Schicksal nicht teilen will.

1. April 2005

Der geheimnisvolle Kashayavasti

Kashayavasti ist eigentlich ein ganz nettes Wort, melodisch getönt und mit viel Raum für Fantasie, was sich dahinter verbergen könnte. Aber erraten kann man es als Europäer deshalb trotzdem nicht, und von uns wusste es auch keiner vorher, denn die Ärzte sind nicht sehr auskunftsfreudig. Natürlich haben wir Weiber uns lang und breit darüber ausgelassen, aber wer ahnungslos da reinstolpert, wird das Ganze schon als sehr grenzwertig empfinden.

In den einschlägigen Schriften kann man verschämt lesen, dass ausleitende Verfahren (Darmreinigung) eingesetzt werden. Andere sind deutlicher, und da kann man lesen, dass Vasti oder Basti ein Einlauf ist, und dass verschiedene Verfahren zum Zuge kommen. Dann gibt es den Snehavasti, einen kleinen Öleinlauf, der die Verkrustungen im Darm auflösen soll und mehrere Tage hintereinander gegeben wird. Dieser ganze Dreck muss dann natürlich auch rausgespült werden, und dafür bekommt man den Kashayavasti, auf gut Deutsch: Mordseinlauf. Man bekommt eine ordentliche Ladung Milch hinten rein, soviel wie eben reinpasst. Dann wird der Bauch massiert, um das Ganze zu verteilen. Anschließend muss man den Hintern mächtig zusammenkneifen und vorsichtig zum nächsten Klo laufen, das glücklicherweise nicht weit entfernt ist. Und während man den Einlauf wieder ins Freie entlässt, steht die Masseurin da und schüttet einem heißes Wasser über den Kopf. Dabei soll man schön entspannt bleiben, das ist sehr hilfreich. Das Entspannen ist selbst mit Aufklärung nicht ganz einfach, ohne diese mit Sicherheit unmöglich. Danach muss man noch im Behandlungsraum eine dünne Reissuppe essen und zwangsläufig wieder aufs Klo springen. Dabei überkommt mich beinahe schon Panik, es nimmt nämlich einfach kein Ende. Irgendwann ist doch glücklicherweise Schluss, und ich bin platt wie eine Flunder und fühle mich sehr schwächlich. Als ich wieder ein wenig zu Kräften komme, schleppe ich mich in mein Zimmer und kriege einen Schreck, als ich mich im Spiegel sehe. Zwei Kokosnüsse später (die Dinger sind wirklich genial) fühle ich mich wieder wie ein Mensch, und nach ein paar Stunden geht es mir wieder gut.

Mit dem tollen Stoff, den ich mir in Trivandrum gekauft habe, war ich bei einem neuen Schneider, der besser nähen soll. Das ist nämlich das Problem, wenn man etwas für sich nähen lässt: Man muss es nehmen, wie es kommt, wieder auf den Bügel zurückhängen wie in einem Kaufhaus geht nicht. Außerdem hörte ich von anderen Gästen die traurige Geschichte dieses Schneiders. Er hat einen Herzfehler, hatte schon mehrere Operationen und hat noch welche vor sich. Eine Operation kostet 1500 Euro, 500 Euro zahlt die Krankenkasse. Die fehlenden 1000 Euro entsprechen bei ihm etwa zwei vollen Jahresgehältern. Ich spreche ihn auf seine Operation an, er knöpft sein Hemd auf und zeigt mir seine Narben. Es sind wirklich jede Menge. Jetzt sehe ich mir an, was er aus meinem Stoff gemacht hat, und bin überwiegend enttäuscht. Er hat sich zwar an meine Anweisungen gehalten, aber die Sachen sind trotzdem anders ausgefallen, als ich es mir vorgestellt habe.

Auf dem Rückweg nötigt mich Yussuf aus Afghanistan in seinen Kunstgewerbeladen. Ich bekomme einen grünen Tee mit Safran, Zimt und Kardamom. Er sagt immer, er will mich zu keinem Business drängen, er will einfach nur mit mir reden. Ich könnte mir vorstellen, dass er beides will, und seine Chancen stehen nicht schlecht, er hat nämlich traumhaft bestickte Seidenjacken, Pashmina-Schals in allen Qualitäten, hinreißenden Schmuck, jede Menge Teppiche und Statuen – und vor allen Dingen Festpreise. Das spricht in meinen Augen am meisten für ihn.

Nachdem niemand Lust hatte, mit mir nach Trivandrum ins Kino zu gehen, wollte ich zumindest indischen Tempeltanz angucken und fragte, wo man hingehen könne. Das Hotel meinte, bei Interesse könnte man eine Gruppe kommen lassen. Das fand ich wirklich total super. Es kam tatsächlich eine Gruppe, und die Vorstellung fand ich spitze. Lauter anmutige Frauen in sehr hübschen Kleidern. Bunte Seidengewänder mit viel Goldstickerei, viel Schmuck und jeder Menge Blumen. Viele Zuschauer gingen vorzeitig, was ich sehr schade fand. Wahrscheinlich wegen der Musik. Doch mittlerweile habe ich mich an die exotischen Notenfolgen gewöhnt und sie gefallen mir sogar.

2. April 2005

Abschlussbehandlung

Heute Morgen habe ich meine Abschlussbehandlung: Verjüngungsmassage, Körperpackung, Gesichtsmaske, Dampfbad. Am Nachmittag untersucht mich der Arzt noch mal, und ich schätze, er wird mit seiner Arbeit zufrieden sein. Trotz mancher Strapazen hat mir die Kur sehr gut getan, aber um durchhalten zu können, muss man schon eine gewisse Grundkonstitution mitbringen. Erholen können hätte ich mich auch ohne Ghee-Trinken, Erbrechen, Abführen und Einläufe. Ich kann nur hoffen, dass letztere Maßnahmen wirklich einen nachhaltigen Einfluss auf meine Gesundheit haben, dann verzeihe ich den Ärzten ihr Tun.

Die tolle Umgebung, die Freundlichkeit der Menschen, die sehr serviceorientierten Hotelbediensteten haben das ihre dazu getan. Meine Bilanz ist durchweg positiv.

4. April 2005

Nachlese

Jetzt bin ich wieder zu Hause in Deutschland. Ich wäre gerne noch geblieben. Nun beginnt der schwierigste Teil der Kur: Alles, was durch Ayurveda positiv angeregt wurde, in meinen Alltag zu integrieren. Ich bekam noch eine Menge Medikamente und einen Haufen guter Ratschläge. So soll ich weiterhin ayurvedische Gerichte essen. Aber ob ich das länger durchhalte? Zum einen wird es äußerst schwierig, in Deutschland die passenden Zutaten für Ayurveda-Gerichte zu bekommen und alles nachzukochen, zum anderen ist mir das indische Essen zum Ende hin doch etwas auf den Geist gegangen, oder vielmehr habe ich zunehmend angefangen, deutsches Essen zu vermissen.

Dann hat mir der Arzt noch empfohlen, einige Dinge zu vermeiden, die mir schmecken. Allerdings gibt es eine Hintertür: Wenn mir der Verzicht seelischen Stress bereitet, soll ich dem Verlangen hin und wieder nachgeben. Ganz verzichten sollte ich jedoch auf Hartkäse, der verschlechtert meine Bronchitisneigung. Und auf Rindfleisch. Der Verzicht auf Rindfleisch wird allerdings jedermann nahegelegt, und ich habe den Verdacht, dass dies weniger mit der Gesundheit zu tun hat, sondern mit der Tatsache, dass Rindfleischverzehr als Frevel betrachtet wird.

Der Yogalehrer findet, dass ich auf einem guten Weg sei und unbedingt weitermachen solle. Das will ich auch wirklich tun, denn ich habe gemerkt, wie gut mir das getan hat. Und allgemein - und das ergibt sich nicht nur aus dem Ayurveda, sondern ist die Lektion, die mir Indien erteilt hat – will ich mich mehr in Gelassenheit üben. Natürlich muss man jeden Tag an sich arbeiten, aber wenn man es nicht heute schafft, dann vielleicht morgen. Und wenn nicht in diesem Leben, vielleicht im nächsten.

Wann immer was nicht so lief, wie wir Westler es wollten, kam von den Indern ein: „Take it easy, it's India!" Und wenn ich statt „India" jegliches Wort nehmen kann, habe ich es geschafft.

Nachtrag: Die Ayurvedakur hat bis zum heutigen Tage meine Gesundheit positiv beeinflusst. Die Rückenschmerzen und die Bronchitis sind dauerhaft verschwunden.

Japan

Translation or not: you won't get lost

Wir haben alle ein paar Mythen im Kopf, zum Beispiel den Glaubenssatz „Japan ist teuer". Mein Mann meint, wir sollten ihn einer kritischen Prüfung unterziehen. Angesichts der Tatsache, dass dieses Land Berichten zufolge anders ist als alle anderen und nahezu hundert Prozent der Japaner ausschließlich Japanisch sprechen, dessen ich nicht mächtig bin und es auch wahrscheinlich nie sein werde, beschlossen wir, eine organisierte Reise zu buchen. Ich freue mich, dass ich auf dem langen Flug jemanden zum Händchenhalten habe.

Mehrere Japaner tragen einen Mundschutz. Das macht man dort so, wenn man erkältet ist, um andere nicht mit seinen Sekreten zu infizieren. Im Video zu den Sicherheitshinweisen ist zu sehen, wie die Fluggäste die Maschine über die Notrutsche verlassen, jedoch nicht, ohne dass die Stewardess sich vor Verlassen des Flugzeuges vor ihnen verbeugt.

1. November 2007
Interessanter Stau

Völlig erledigt kommen wir im Flughafen Narita an, der etwa siebzig Kilometer außerhalb Tokios in einem dichten, erstaunlich üppigen und gesunden Wald liegt. Wir fahren zügig durch eine ansprechende, menschenleere Landschaft. Nach allem, was ich bisher über Japan gehört habe, bin ich erst mal enttäuscht. Lichte Weite und dünne Besiedlung entsprechen nicht meiner Erwartungshaltung. Doch nach einer halben Stunde stimmt mein Weltbild wieder: Ein gleichförmiger Städtebrei ergießt sich vor uns und wir stehen erwartungsgemäß im Stau. Der erste Stau ist total interessant. In Japan spielt sich der Verkehr auf mehrstöckigen Straßen ab, und so kann man, bequem im Bus sitzend, den Leuten direkt in die Wohnung oder ins Büro gucken. Es ist nun fünf Uhr abends, und die Büros sind weitestgehend leer. Hier und da steht ein Grüppchen Männer zusammen. Das sind die Männer, die nicht gehen dürfen, bevor der Boss nicht gegangen ist. Scheint aber viel weniger Leute zu betreffen, als man gemeinhin glaubt.

Eine Stunde später sind wir im Hotel in Asakusa, mitten in der „Altstadt". In Japan haben die zahlreichen Erdbeben dafür gesorgt, dass das Land sogar noch neuer als die USA ist. Kaum ein altes Gebäude ist erhalten geblieben, meistens handelt es sich um Nachbildungen.

Das Hotel hat ein Problem. Es gibt nicht genug Doppelzimmer und man sucht ein Paar, das mit getrennten Zimmern vorliebnimmt. Wir melden uns. Als Dank für die erlittenen Unannehmlichkeiten bekomme ich einen Kimono mit Obi, dem traditionellen Gürtel, und einer fünfzehnseitigen Anleitung geschenkt, wie dieses Kleidungsstück zu tragen ist. Das sieht sehr kompliziert aus.

Im Hotelzimmer ist schlicht und ergreifend alles da: Eine Yukata oder ein unkomplizierter Baumwollkimono, den man anzieht, um es sich gemütlich zu machen. Pantoffeln, Teekocher, Teeschale und Tee, eine Bügelpresse für Hosen, ein Flachbildfernseher, LAN-Anschluss, Kühlschrank, sämtliche Toilettenartikel mit Ausnahme eines Kammes und eine Toilette mit tausend Knöpfen und Gebrauchsanweisung auf Englisch, damit man auch alle Segnungen dieses Gerätes wie Bidetfunktion, Fön oder auch blaue Beleuchtung bei Nacht nutzen kann. Hört sich so an, als würde sich das für den normalsterblichen Individualtouristen finanziell jenseits von Gut und

Böse bewegen, aber das ist mitnichten der Fall. Das Einzelzimmer kostet knapp siebzig Euro beim derzeitigen Wechselkurs von 160 Yen pro Euro.

Theoretisch stünde jetzt ein Einkaufsbummel auf der Ginza auf dem Programm, aber alle Gruppenmitglieder sind erledigt, sodass wir in der unmittelbaren Umgebung des Hotels freigelassen werden. Dort gibt es ein großes Warenhaus und eine riesige, überdachte Einkaufspassage. Direkt hinter dem Hotel befindet sich der überaus populäre Sensoji-Kannontempel, der wunderschön beleuchtet ist.

Essen in Japan ist kein Problem, sagt man. Alle Restaurants haben ein Schaufenster, in dem die angebotenen Speisen als Plastiknachbildungen gezeigt werden. Man kann bestellen, indem man auf etwas zeigt. Nun scheint aber frittiertes und paniertes Essen überaus beliebt zu sein, sodass man in allen Schaufenstern Reis mit einem panierten Klops findet und keine Ahnung hat, was sich darin verbirgt. Ich entscheide mich für einen Klops, bei dem hinten noch die Krabbenschwänzchen rausgucken, weil ich da wenigstens weiß, was drin ist.

Ein durchschnittliches Essen kostet unter zehn Euro, und das war's. Etwas zu trinken zu bestellen ist unüblich. Man bekommt Wasser, das immer wieder nachgefüllt wird. Außerdem gibt man kein Trinkgeld. Dennoch greifen wir zum einzig Teurem, was uns während der ganzen Zeit begegnet: zum japanischen Bier. Ich finde es lecker und es ist in etwa doppelt so teuer wie das Bier in Deutschland.

2. November 2007

Natto: was für ein Einstieg!

Morgens gibt es Stau vor dem Frühstücksraum, der ursprünglich wohl nicht für dermaßen große Gruppen konzipiert wurde. Endlich kommen wir zum Zuge. Das Frühstück ist relativ wichtig und aufwendig. Für jene, die sich vor dem Ungewohnten grausen, gibt's auch westliche Kost, denn der gemeine Europäer wird voller Entsetzen auf Natto starren, die japanische Antwort auf zerfließenden Schimmelpilzkäse. Natto wird aus vergorenen Sojabohnen gemacht, die sich in einem Stadium fortgeschrittener Verschleimung und Verwesung befinden. Man kann sich lange darüber streiten, ob sie mehr Ähnlichkeit mit dem Produkt eines expulsiven oder konvulsiven Verdauungsvorgangs haben, aber die Japaner erwarten, dass Europäer nicht zugreifen und sich vor Natto ekeln. Vermutlich würde einen Japaner verstören, wenn ein Europäer genüsslich Natto verspeist. Das Büffet bietet noch weitere Speisen, die den Westler ratlos zurücklassen, angefangen vom hervorragenden und sehr würzigen Glasnudelsalat, über den Räucherfisch und die unverzichtbare Misosuppe, die ebenfalls mit (anders) vergorener Sojapaste, Tofuwürfeln und Tang angesetzt wird. Heiße Misosuppe ist übrigens ziemlich magenkrebsfördernd. Dieser Krebs kommt in Japan relativ häufig vor, früher bei Männern noch häufiger, weil sie traditionell zuerst aßen. Wenn die Frauen aßen, war die Misosuppe schon kalt und damit harmlos, bzw. voller gesundheitlicher Segnungen. Über Geschmack kann man nicht streiten, aber diese Suppe ist mit Sicherheit nichts, was ich auf Dauer vermissen werde. Das einzige Gemüse, das es in größeren Mengen gibt, ist in Sojasoße gekochter Rettich. Und das zum Frühstück.

Als passionierte Teetrinkerin greife ich zu einer Teeschale, die ich dann fast fallen lasse, so heiß ist diese. Japanischer Tee ist gefühlte 200 Grad heiß und es dauert ewig, bis die Schale auf Trinktemperatur runtergekühlt ist. Deshalb kommt man kaum dazu, mehr als eine Schale zu trinken. Ist aber nicht so schlimm, schmeckt nämlich nicht so toll.

In Tütchen verpackt gibt es Streifen aus Seetang, mit denen man den Reis umrollt, sodass sich eine kleine Roulade formt. Ich gucke total fasziniert zu, wie geschickt die Japaner das machen, aber bald gelingt es mir selber.

Als Erstes fahren wir zum Meiji-Schrein, wo der Geist des Meiji-Kaisers eingeschreint ist. Etwa fünfundachtzig Prozent der Japaner sind Shintoisten und ungefähr fünfundachtzig Prozent sind Buddhisten. Gibt nach Adam Riese hundertsiebzig Prozent und kann nicht sein. Oder doch?

Doch! „Du sollst nicht andere Götter haben neben mir" gilt nämlich nicht für die japanischen Religionen, und so sind fast alle Menschen gleichzeitig Shintoisten und Buddhisten. Der Shinto ist eine Naturreligion, die ich als sehr verspielt empfinde. Ihr zufolge ist die Welt voller Geister, die mitten unter den Menschen leben. Wichtige Geister befinden sich in einem Schrein, aber auch ein Baum oder ein Stein kann von einem Geist bewohnt sein und wird dann eingezäunt. Damit die Geister sich nicht unbotmäßig herumtreiben, werden sie durch gezackte Papierstreifen, die an Seilen befestigt sind, in Zaum gehalten.

Das Shinto-Gotteshaus heißt Schrein und zeichnet sich dadurch aus, dass am Eingang ein sogenanntes Torii, ein Tor, steht. Die Buddhisten nennen ihr Gotteshaus Tempel. Häufig stehen Schrein und Tempel einträchtig nebeneinander. Der Shinto ist für Taufen, Hochzeiten und alle heiteren Angelegenheiten zuständig und ebenso für die Ahnenverehrung. Doch Krankheit und Sterben an sich sind in der shintoistischen Religion nicht gern gesehen, und da wendet man sich vertrauensvoll an Buddha.

Geführte Gottesdienste wie bei uns gibt es nicht. Die Gläubigen reinigen sich zuerst rituell, indem sie sich die Hände waschen und den Mund spülen. Dann gehen sie zur Gottheit ihres Vertrauens und werfen Geld in eine riesige Spardose, klatschen zweimal in die Hände, um die Götter zu wecken, und beten.

Die Gotteshäuser finanzieren sich durch Spenden, und größere Spender lassen Sakefässer oder Steinlaternen mit ihrem Namen aufstellen. Bei den Schreinen findet man oft lange Reihen von Chrysanthemen, die das Symbol des Shinto sind. Der Kaiser sitzt traditionell auf dem Chrysanthementhron, der seine göttliche

Herkunft bezeugt, obwohl der Kaiser seit dem Zweiten Weltkrieg nicht mehr als göttlich gilt.

Der nächste Besichtigungspunkt ist das hochmoderne, erdbebensicher gebaute Rathaus Tokios. Es handelt sich um Zwillingstürme, die auf einem dem Petersplatz nachempfundenen Platz stehen. Der Platz wird von zwei zueinander strebenden Bögen gesäumt – East meets West. In der obersten Etage befindet sich eine Aussichtsplattform. Mein Blick schweift über ein einförmiges, eher unattraktives Häusermeer. Viele Hochhäuser haben einen Hubschrauberlandeplatz und man sieht diese Fluggeräte überall in der Luft umherschwirren.

Im Souvenirladen des Rathauses ist der Teufel los. In der Mitte steht ein großer musizierender Weihnachtsbaum, dessen Lämpchen blinken. Endlose Reihen von Automaten säumen die Außenwände.

Es geht weiter zum Kaiserpalast, der allerdings uneinsehbar in einem Park liegt. Das Leben am Hof ist sehr streng reglementiert. Die Mitglieder des Königshauses haben weder eigenes Geld noch ein eigenes Telefon. Die Genehmigung von Auslandsreisen dauert Jahre, ja selbst ein Gang in die Stadt muss dem Hofamt mindestens zwei Wochen im Voraus gemeldet werden.

Wir erreichen den Hafen und nehmen den sogenannten Wasserbus nach Asakusa, zum Tempel hinter unserem Hotel. Vom Hafen aus sieht man eine Insel, auf der zwischen zwei Hochhäusern eine riesige Kugel eingeklemmt ist. Diese Kugel soll im Fall eines Erdbebens die kinetische Energie aufnehmen. Die echte Bewährungsprobe steht ihr aber noch bevor.

Während der Fahrt auf dem Sumida-Fluss, durch unzählige Brücken und Kanäle, die den Eindruck eines in Beton gegossenen Venedigs aufkommen lassen, werden wir auf Japanisch, Chinesisch und Englisch vollgesäuselt. Nicht nur auf die Sehenswürdigkeiten werden wir hingewiesen, sondern auch ermahnt, auf die Stufen, die Kopfhöhe und unsere Habseligkeiten zu achten.

In Asakusa besichtigen wir den rot-weißen Kannon-Tempel mit seinem berühmten Donnertor, das einen riesigen Lampion birgt, sehen die kleinen Holztäfelchen, auf die die Gläubigen ihre Wünsche schreiben. Praktischer-weise befindet sich auf dem Areal auch ein kleiner Shinto-Schrein, in dem gerade eine Hochzeit stattfindet. Die Braut trägt einen weißen, sehr voluminösen Kimono und eine riesige Kapuze. Dem Hochzeitszug voran schreitet ein Flötenspieler.

Die Feier im Schrein findet nur mit den unmittelbaren Angehörigen statt. Auf dem Standesamt erscheint die Braut meistens im weißen westlichen Hochzeitskleid mit der gesamten Hochzeitsgesellschaft.

Nachdem wir uns am Brautpaar sattgesehen haben, geht es mit der U-Bahn zur Ginza, der berühmten Einkaufsmeile. U-Bahn fahren ist nicht ganz einfach zu durchschauen für Europäer, wird doch das Tokioter Netz von verschiedenen privaten Betreibern unterhalten. Doch von Asakusa zur Ginza zu kommen ist zum Glück kein Hexenwerk, außerdem ist hier die Beschilderung auch überall auf Englisch vorhanden. Man kann also unbesorgt verloren gehen. Eine Fahrt zur Ginza (ungefähr zwölf Stationen) kostet knapp 1,50 Euro.

Die U-Bahn ist blitzsauber, am Bahnsteig steht ein Uniformierter mit weißen Handschuhen, aber er schubst uns nicht rein, wie man es zuweilen in Filmen über Japan sehen kann, schimpft jedoch mit uns, wenn wir über die weiße Linie treten. Überhaupt ist hier alles strahlend sauber, und das, obwohl es noch nicht mal öffentliche Mülleimer gibt. Man nimmt seinen Dreck mit nach Hause und entsorgt ihn da. Dabei müssen die Japaner sehr diszipliniert sein, denn es gibt hier nirgendwo auch nur ansatzweise Kaugummiflecken, was mich maßlos beeindruckt.

Die Ginza sieht sehr amerikanisch aus, und was mich in diesem nichtchristlichen Land ein wenig schockt, ist die grelle, aufdringliche Präsenz von Weihnachten, obwohl noch nicht einmal Adventszeit ist. Überall Leuchtreklame, Deko, Geschenkpackungen, Weihnachtsmusik. An den Rolltreppen der großen Warenhäuser stehen sie wirklich, die legendären Damen, deren Job darin besteht, jeden Gast mit einer Verbeugung zu begrüßen.

Japaner unterwerfen sich fast permanent einem strengen beruflichen Dresscode, aber wenn sie sich privat kleiden, sind sie sehr fantasievoll. Die Mode ist einfach hinreißend: alle Farben, alle Stile, eine immense Vielfalt. Japanerinnen sind durchweg zierlicher als ich, und so kann ich nur sehnsüchtig die Kleiderständer angucken. Was mich wundert, ist die Größe japanischer Waschmaschinen und Kühlschränke. Sie haben amerikanische Ausmaße. Und noch was haut mich um: die Möbel. Bei meiner Vorliebe für zierliche Sofas hoffe ich, eine Anregung zu finden. Aber auch hier lauern lauter wuchtige Wohnlandschaften, die ein kleineres Zimmer hoffnungslos verbarrikadieren. Es muss entweder der heimliche

Traum der Japaner sein, ein Wohnzimmer zu haben, das so eine Couch ertragen kann, oder die Kundschaft derartiger Kaufhäuser hat schlicht und ergreifend den notwendigen Platz.

Mitten in diesem Gewühl und Ameisengewusel der Einkaufsstraße bewegt sich ein Bettelmönch im Schleichgang vorwärts. Schrittchen für Schrittchen, dabei eine Glocke läutend. Den Zebrastreifen überquert er so hurtig wie alle anderen auch, um dann auf der anderen Straßenseite bimmelnd in den Schleichgang zurückzufallen.

Wir fahren wieder zurück und gehen in ein traditionelles Restaurant, in dem wir einen kulinarischen Querschnitt der japanischen Küche geboten bekommen. Da ist zunächst Sushi, kleine Klumpen gesäuerten Reises, der mit rohem Fisch belegt ist. Sashimi: roher Fisch, aber ohne Reis. Tempura: Frittiertes. Alles Mögliche. Gemüse, Schweinefleisch, Fisch. In einem kleinen Schälchen mischt man Sojasoße mit Wasabe, einer sehr scharfen Paste aus grünem Rettich. Darin tunkt man den rohen Fisch ein, der erstaunlich gut schmeckt. Mir haben es vor allen Dingen Lachs und Bonito angetan. Der Tintenfisch hingegen ist für mich ein Horror. Ich schaffe es kaum, ihn durchzubeißen. Die

Oberseite verflüssigt sich in meinem Mund und wird total glibberig, so tapetenkleisterartig, und zurück bleibt eine dünne, äußerst zähe Haut, an der ich fast ersticke. Die Tentakel scheinen wieder zum Leben zu erwachen und fummeln einem im Mund herum. Da braucht man gleich größere Mengen des vorzüglichen japanischen Biers, zu dem wir unreife Sojabohnen bekommen, die man aus der Hülse zuzelt wie eine Weißwurst aus der Pelle. Es folgt der Nachtisch. Entweder Tofucreme, von der uns die Reise-leiterin abrät, oder Vanilleeis. In meiner Neugier nehme ich die Tofucreme und habe den Eindruck, die bessere Wahl getroffen zu haben. Nach dem Essen gemütlich sitzen zu bleiben ist nicht üblich. Kaum dass der letzte Bissen verschwunden ist, brechen wir geradezu hastig auf. Das macht man hier so. Zum geselligen Beisammensein begibt man sich in die Bar. Darauf verzichten wir. Es ist noch gar nicht so spät, aber wir fallen todmüde ins Bett.

3. November 2007

Ganz Tokio in den Bergen

Heute gibt's zum Frühstück Fisch- statt Glasnudelsalat. Dann fahren wir in den Tempelbezirk nach Nikko, was „strahlende Sonne" heißt. Die Reiseleiterin stimmt uns auf einen ewigen Stau ein, denn heute ist Samstag, und das Fernsehen hat berichtet, dass die Herbstfärbung begonnen hat, was dazu führt, dass sich fast alle Bewohner Tokios Richtung Land aufmachen. Wir stehen ewig auf der Autobahn, als wären wir am ersten Ferienwochenende auf der Strecke München-Salzburg unterwegs.

Noch in der Stadt sehen wir Ordnungshüter mit blinkenden Westen, die Strafmandate für falsch parkende Fahrräder ausstellen. Fahrräder sind hier sehr beliebt und müssen registriert sein. Einfach irgendwo abstellen gilt hier nicht. Es muss ins Parkhaus. Gleiches gilt für die Autos. Ich wundere mich über die überwiegend großen und feinen Autos, hätte ich doch hier die bei uns so beliebten japanischen Stadtflöhe in rauen Mengen erwartet. Doch ein Auto kann sich nicht jedermann leisten. Man darf es sich erst anschaffen, wenn man einen Parkplatz dafür nachweisen kann, und auf der Straße parken ist nicht erlaubt. Man sieht immer wieder Einfahrten, wo ein Lastenaufzug mit einem Auto in den Keller rumpelt. Unter diesen Umständen ist das Auto ein Statussymbol und darf entsprechend teuer sein.

Angesichts des Staus beschließt die Reiseleiterin, den Besuch des Kegon-Wasserfalls zu streichen, der ihrer Ansicht nach unattraktiv ist. Das glaube ich wiederum nicht und ich frage mich, warum wir diesen Ausflug aufs Land nicht am Vortag gemacht haben, als die Autobahnverstopfer von heute noch in ihren Büros saßen, während wir heute ein geringfügiger bevölkertes Tokio hätten genießen können. Irgendwann kommen wir tatsächlich in Nikko an. Es ist voll wie ein Fußballstadion beim Endspiel. Wir schieben uns an den Massen vorbei, panisch darauf achtend, den Anschluss zur Gruppe nicht zu verlieren.

Die farbenfrohen Gebäude im Herbstlaub sehen sehr schön aus. Wir schieben uns von einer Tempelhalle zur nächsten. Schuhe ausziehen, durchgehen, Schuhe anziehen. Als Erstes ist die Rinnoiji-Halle mit ihrem Buddha und den zwei Kannons dran. Kannons sind Wesen auf dem Weg zur Erleuchtung, die freiwillig auf den letzten Schritt verzichtet haben, um ihrerseits Menschen auf den Weg zur Erleuchtung zu verhelfen. So eine Art Heilige also.

Dann gehen wir durch ein üppigst mit Schnitzereien dekoriertes Tor, das Yomei-mon, weiter durch die Tempelanlage. In diesem Tor des Sonnenlichts ist extra ein Fehler eingebaut worden, um durch die Pracht nicht den Neid der Götter zu erwecken. Wir stehen nun vor einem ebenfalls prächtig ausgestatteten Speicherhaus, dessen First mit Elefanten dekoriert worden ist, die von den Künstlern nach reinen Überlieferungen hergestellt worden sind. Rührend anzusehen, wie sich die Künstler damals diese Tiere vorgestellt haben.

Gegenüber dem Speicherhaus steht ein Stall, in dem manchmal ein Schimmel steht, der ebenso wie ein Albinohase als göttliches Botentier gilt. Heute ist der Schimmel nicht da. Wahrscheinlich, um ihn angesichts der Menschenmassen vor dem Wahnsinn zu bewahren. Der Stall wirkt sehr exklusiv. Er ist mit Schnitzereien verziert, unter anderem mit den berühmten drei Affen, die nichts hören, nichts sehen und nichts sagen.

Danach verliere ich den Überblick. Ich werde von einem Strom von Menschen in eine Halle hineingeschoben, wo ich mich auf meine untergeschlagenen Beine setzen und mir eine

Erklärung auf Japanisch anhören muss. Nach zehn Minuten tun mir die Beine weh. Nach zwanzig Minuten denke ich, so einfach kann Folter sein: Einfach jemandem die Oberschenkel auf die Fersen binden und so sitzen lassen. Dann dürfen wir wieder raus und Schuhe anziehen. Als ich das nächste Mal die Schuhe ausziehe, verliere ich den Anschluss an die Gruppe. Ich suche sie und nehme gar nicht richtig auf, was ich da sehe. Wie durch ein Wunder finde ich die Gruppe wieder.

Ein Zwergpudel versucht verzweifelt, seine Sonnenbrille abzunehmen. Zwergpudel sind hier die beliebtesten Hunde. Zum einen, weil sie so klein sind, zum anderen, weil man sie beliebig zurechtstutzen kann. Es scheint für diese Pudel eine Kollektion gutsitzender Kleidung zu geben. Hundejungs tragen Jeans und Poloshirts, mit etwas Pech auch eine unverrückbar festsitzende Sonnenbrille, Hundemädchen tragen rosa Kleidchen und jede Menge Haarspangen.

Wir gehen essen und entscheiden uns für eine in Japan so beliebte Nudelsuppe. Ich finde sie etwas fad, aber sie ist sättigend und es schwimmen keine unbekannten Objekte drin. Wir sitzen an den normalen Tischen, aber es gibt auch einen traditionellen Speisesaal, wo man mit untergeschlagenen Beinen an niedrigen Tischen sitzt. Restaurants mit beiden Sitzalternativen sollten uns noch öfter begegnen. Zum Schluss sehen wir noch das rötlich schimmernde Kupferdach eines Tempelgebäudes, bevor wir uns wieder über die Autobahn nach Tokio quälen. Immer wieder kommen wir an Gebilden vorbei, die wie riesige Volieren aussehen. Das sind Abschlagplätze für Golf. Golf und Reiten sind die beiden Prestigesportarten hierzulande, weil beide viel von einem knappen Gut verlangen, nämlich freiem Platz. Damit aber auch auf wenig Platz schwungvolle Schläge geübt werden können, gibt es diese Golfkäfige.

Abends bummeln wir durch die überdachte Einkaufspassage, die es in jeder japanischen Stadt gibt. Dort gehen wir in ein Restaurant, das ich bisher nur aus Filmen kannte. Man sitzt auf einem Barhocker, und das Essen tuckert auf einem Förderband an einem vorbei. Mag man was, nimmt man sich den Teller. Bedienung gibt's nicht, auch nicht um Getränke zu bestellen. Dafür ist eine Heißwasser-Pipeline mit zahllosen Hähnen da, Trinkbecher und Teepulver, auf dass jeder sich so viel Tee bereite, wie er möchte. Es stehen auch noch zahlreiche Soßen da und ein Holzkistchen mit Sauerkraut. Es gibt Teller in verschiedenen Farben, und jeder Tellerfarbe entspricht ein Preis. Im Prinzip gefällt mir das System sehr gut. Man kann es bei einem Teller belassen oder fünfzehn Teller essen. Ich achte darauf, ja keinen Tintenfisch zu erwischen. Ansonsten versuche ich mich unvoreingenommen an den ganzen außerirdischen Genüssen, die an mir vorbeiziehen.

4. November 2007

Es geht auch ländlich

Aus uns unbekannten Gründen wurde unsere Reiseleiterin abgezogen, und nun haben wir einen neuen Reiseleiter. Ein Glücksfall. Dieser Mann ist ein japanspezifischer Google, der ausschließlich relevante Treffer liefert.

Wir fahren nach Kamakura, in ein Künstlerstädtchen an der Küste. Den Großraum Tokio verlassen wir über Yokohama, einer Stadt, die verzweifelt um Eigenständigkeit kämpft und immer wieder von Tokio untergebuttert wird. Yokohama ist die zweitgrößte Stadt und der größte Hafen des Landes, und wir fahren und fahren und fahren, doch trotzdem hören die Kräne und Öltanks einfach nicht auf. Sollte hier mal die Erde beben, wird wegen der resultierenden Ölpest der ganze Globus in Mitleidenschaft gezogen. Nicht schön, aber überaus beeindruckend.

Immer wieder sieht man blaue Zelte. Darin wohnen die Obdachlosen. Deswegen gibt es viele Schilder, die blaue Zelte verbieten. Allgemein ist die Obdachlosigkeit gering, wer aber erst mal da gelandet ist, kann kaum wieder zurück, auch dann nicht, wenn er wieder Anschluss an das bürgerliche Leben gefunden hat. So gibt es Männer, die morgens in ihren Anzug und ihre geputzten Schuhe steigen und abends wieder in ihr blaues Zelt schlafen gehen.

Kamakura mit seinen 100.000 Einwohnern liegt am Meer. Es gibt hier viele Surfer. Badeurlaub in unserem Sinne machen die Japaner kaum, die Strände sind nicht sonderlich gepflegt.

Auf dem Parkplatz am Kotoku-in Tempel darf der Bus nur eine halbe Stunde parken. Derartige Beschränkungen gibt es öfter. Die Japaner sind das gewöhnt, deshalb haken sie oftmals Kulturgüter in Rekordzeit ab. Die Buddhastatue ist sehr beeindruckend und fügt sich toll in die Landschaft ein. Ich könnte lange hier bleiben. Hier hat Buddha, wie auf so vielen Darstellungen, eine krisselige Frisur. Was da auf seinem Kopf sitzt, sind Schnecken. Als Buddha meditierend unter seinem Feigenbaum saß, beschlossen die Schnecken, seinen Kopf zu kühlen und ließen sich darauf nieder. Wenn das wirklich stimmt, muss Buddha sehr tief meditiert haben.

Wir werden weitergescheucht zum Hasedera-Tempel. Ein Mönch hat vor Urzeiten aus einem Kampferbaum zwei Kannons schnitzen lassen. Einen warf er ins Meer, und dort, wo er wieder auftauche, solle ein Tempel gebaut werden. So kam Kamakura zu diesem Tempel.

Die Kannon hat elf Köpfe. Einen normalen und zehn kleine Köpfe, die auf dem großen Kopf sitzen und in alle Richtungen blicken, damit sie überall das Leid erkennen und Trost spenden können. In der Nähe befindet sich eine Bibliothek, ein drehbares Büchergestell mit allen Büchern, die der gute Buddhist gelesen haben muss. Wenn er dafür keine Zeit hat, reicht es, die Bibliothek einmal zu drehen, dann nimmt man das Wissen auch so auf. Ganz ehrlich – bei mir funktioniert das nicht.

Neben verschiedenen anderen Gebäuden und einer Aussichtsterrasse, die einen großartigen Blick über Kamakura bietet, befindet sich hier noch der Jizo-Schrein, in dem über die Seelen der ungeborenen, d.h. abgetriebenen Kinder gewacht wird. In Japan war die Abtreibung schon immer gängig, die Pille war lange verboten und ist jetzt auch nur bei bestimmten Indikationen zulässig. Abtreibung ist eben ein gutes Geschäft, das man sich nicht von der Pharmaindustrie verderben lassen möchte. Die abgetriebenen Kinder haben nach japanischer Überzeugung eine Seele, die durch Rituale stabilisiert werden muss, damit sie Eingang in den Himmel findet. Das ist der Zweck des Jizo-Schreins, wo Abertausende kleiner Figuren aufgestellt sind.

Weiter geht es über die Küstenstraße nach Hakone. Auf der Straße steht in Abständen ein Warnschild, auf dem ein Wels abgebildet ist. Das heißt, dass diese Straße bei Erdbeben geschlossen wird. Ein Wels ist ein Fisch, der ruhig am Grunde des Wassers liegt. Nur ab und zu zuckt er mal. Die Bewohner Japans sehen ihr Land als Teil eines Welsrückens. Und wenn der zuckt, ist das alles andere als lustig. Die teilweise recht rüde Art, mit der die Japaner der Natur begegnen, rührt aus dem Elend her, das sie im Zuge ständiger Naturkatastrophen erleben. Nicht nur Erdbeben, auch Taifune und Tsunamis haben zusammen mit modernen Katastrophen wie Atombomben große Teile des Landes immer wieder platt gemacht. Deswegen haben viele Japaner eine feindliche

Einstellung zur Natur und finden nichts dabei, Wale zu töten, Hunden Sonnenbrillen aufzusetzen, aggressiv Energie zu verschleudern und eine Einwegphilosophie zu betreiben, dass mir schwarz vor Augen wird. Alle Räume sind klimatisiert, Klobrillen sind beheizt, sogar in öffentlichen Toiletten. Und die Toilettensitze sind nicht warm, sondern eher so, dass ich fürchte, mich zu verbrennen. Alles wird zehntausendmal verpackt, und das wird regelrecht zelebriert. Alle zehn Meter ist ein Getränkeautomat aufgestellt, der heiße und kalte Getränke liefert. In dieser extremen Form habe ich das noch nirgendwo erlebt.

Auch der Buddha von Kamakura war ursprünglich von einer Halle umgeben, die im ausgehenden Mittelalter von einem Tsunami weggespült wurde. Seitdem steht Buddha im Freien.

Nun fahren wir also auf der Welsstraße entlang, weil die Erde nicht bebt. In Tokio wird seit zwanzig Jahren ein großes Beben erwartet. Im Moment bebt dort täglich die Erde ganz leicht, und man hofft sehr, dass sich auf diese Art und Weise die Spannungen abbauen. Wir kommen trotz des starken Verkehrs erstaunlich gut durch und sind bald in Hakone am Ashi-See. Der See liegt sehr idyllisch zwischen den Bergen, zumal sich auch der Fujiyama blicken lässt, was ein ausgesprochener Glücksfall ist, denn meistens verhüllt er sich in den Wolken. Diese Perspektive ist einerseits urjapanisch. Klare Linien, alles auf das Wesentliche reduziert. Andererseits sind aber Japaner sehr verspielt und mögen es dabei sehr detailreich. Auf dem See kreuzen nachgebaute Piratenschiffe, die prächtig verziert sind. Vor der nun anstehenden Bootsfahrt sollen wir aber noch zu Mittag essen. Auf das Nudelsuppenrestaurant habe ich keine Lust, und die Garküchen, die den Weg säumen, duften nicht, sondern stinken. Meldet zumindest meine Nase an mein Gehirn. Obwohl ich der Meinung bin, man sollte sich im Land an landesübliche Kost halten, freue ich mich, als ich eine Hamburgerbude sehe, und lasse es mir mit Klops und Pommes gut gehen. Ganz untreu will ich meinen Prinzipien aber nicht werden, und so genehmige ich mir zum Nachtisch ein Grüner-Tee-Softeis. Es ist giftgrün, zuckerfrei und bitter und macht einen richtig gesunden Eindruck. Aber mir schmeckt nur ungesundes Eis. Danach machen wir einen Spaziergang über einen kleinen erhaltenen Teil der Handelsstraße von Tokio nach Kyoto. Es geht durch ein Wegezolltor hoch zu einer Stelle, von der man einen wunderschönen Ausblick hat. Auf der anderen Seite sieht man ein im Wasser stehendes, rotes Schreintor. In der Nähe besteigen wir unser Boot und fahren damit ein Weilchen über den See bis zu einer Seilbahnstation. Wir fahren jedoch nicht mit der Seilbahn, sondern mit dem Bus auf den Berg. Dort befindet sich ein kunstvoll aufgeschlagener Obstmarkt. Obst ist hier nichts, was man wegen der Vitamine isst, sondern was Besonderes, das man zelebriert. Es ist durchaus angemessen, Kirschen als Gastgeschenk mitzubringen. Die sind dann in einer Art Pralinenkarton der Größe nach sortiert und können auch mal dreißig Euro kosten. Das Obst ist zum Teil riesig, völlig makellos und irrsinnig teuer. Der Reiseleiter schildert, dass japanische Freunde ihm erzählten, jetzt würde es Apfel geben. Er erwartete, dass ihm jemand einen Apfel in die Hand drücke, in den er kraftvoll reinbeißen könne. Aber von wegen! Ein Freund trug einen Apfel wie eine Monstranz vor sich her, begann ihn sorgfältig zu schälen und schnitt ihn in feine Schnitze. Dann durfte jeder ein paar Schnitze haben.

Ich erzähle eine Geschichte, die ich gehört hatte, als der Tenno, der japanische Kaiser, in Deutschland weilte. Dem Tenno, einem bekanntermaßen bescheidenen Mann, gelüstete es nach einer Portion Trauben. So weit, so gut. Aber geschält bitte! Der Küchenchef in Düsseldorf drehte fast durch, aber bekam es hin. Und nun musste ich erfahren, dass der Tenno keine Allüren hat, sondern dass alle Japaner ihre Trauben schälen. Mit den Trauben muss man sowieso vorsichtig sein. Japanisches Obst wird auf einen starken Zuckergehalt hin gezüchtet, und wenn man zu viele Trauben isst, kann man wegen des Zuckerschocks durchaus ohnmächtig werden.

Oben auf dem Berg befinden sich heiße Schwefelquellen. Die gibt es hier als Folge des Vulkanismus oft. Es wird schon langsam dunkel, die Parkzeit für den Bus ist beschränkt, also hasten wir zu den imposanten Schwefellöchern, aus denen es blubbert und stinkt. Es entstehen die letzten Bilder bei Nebelschwaden und Fujiyama im Sonnenuntergang.

Fujiyama oder Fujisan, was ist nun richtig?

Zweiteres. Die japanische Sprache ist sehr kompliziert. In der Alltagssprache existieren etwa 3000 geläufige chinesische Zeichen. Hinzu kommen die beiden Silbenalphabete Hiragana und Katakana, weil das Japanische mit vielen Deklinationen arbeitet, die mit den chinesischen Zeichen nicht darstellbar sind. Für jedes chinesische Zeichen gibt es mindestens zwei Lesarten. So heißt das Zeichen für Berg alleinstehend Yama, aber im Zusammenhang mit anderen Zeichen spricht man es San. Da nun Fuji davorsteht, muss das nachfolgende Zeichen gemäß den japanischen Regeln als San gesprochen werden. Eine besondere Spezialität des Japanischen ist obendrein, dass es verschiedene Höflichkeitsniveaus gibt. Das ist im weitesten Sinne mit Siezen und Duzen vergleichbar, aber ungleich abgestufter. Richtig kompliziert. Besonders vornehm zu tun wirkt lächerlich, man muss das richtige Höflichkeitsniveau verwenden. Kein Wunder, dass Japaner gern unter sich bleiben.

Wir kommen in unserem Hotel an, einem großen, schmucklosen Betonkasten inmitten idyllischer Berge. Es gibt keine weiteren Gebäude in der Nähe. Die Zimmer sind geräumig. Wie immer gibt es einen Wasserkocher und Tee, doch hier haben wir einen Dauerkocher, der dafür sorgt, dass ein Liter Wasser permanent am Kochen gehalten wird. Mal davon abgesehen, dass ich es nicht so prickelnd finde, mit altem Wasser Tee zu machen: Was für eine Energieverschwendung, um vielleicht ein Tässchen Tee zu trinken. Die stellen ja die Amis in den Schatten!

Das Hotel hat ein Onsen, ein öffentliches Badehaus, gespeist aus den Schwefelquellen, und wir bekommen eine Einführung, wie man sich dort benimmt. Männlein und Weiblein baden getrennt, und vorm Baden wäscht man sich gründlich. Erst wenn man blitzsauber ist, steigt man ins heiße Becken. Man nimmt das Bad zwar nackt, darf sich aber nicht nackt zeigen, sondern muss sich mit einem Schamtüchlein bedecken, das man sich dann, wenn man im Wasser ist, auf den Kopf legt. Wie ich damit umgehen soll, ist mir noch nicht klar. Ich ziehe also meine Yukata und eines von zwei Paaren Pantoffeln an, um am Badehaus festzustellen, dass ich nach den falschen Pantoffeln gegriffen habe. Ich nehme mir ein Handtuch und ein Schamtüchlein. Nun muss ich meinen Krempel in ein Schließfach stecken und mich nackig machen, aber gleichzeitig verhindern, dass jemand meine Blöße sieht. Es sind viele Frauen da und ich habe den Eindruck, dass sie alle auf mich gucken. Da ich mich unter verschärfter japanischer Beobachtung fühle, darf ich mir keinen Patzer erlauben. Das Schamtüchlein ist so groß, dass man mit Mühe und Not damit eine weibliche Vorderfront abdecken kann. Ich stelle mich etwas dämlich an, und sofort kommt eine Japanerin und hilft mir und fummelt an mir rum, sodass ich nun ordnungsgemäß bedeckt in den Waschraum schreite. Dort stehen Hocker mit Wasch-schüsseln und einer Armatur vorm Spiegel, sodass man sich beim Waschen angucken kann. Sobald man sitzt, darf man das Schamtuch ablegen. Im Waschraum ist alles vorhanden: Seife, Shampoo, Spülung, Bimsstein, Peeling auf Salzbasis (brennt mit dem heißen Schwefelwasser ganz nett) und noch ein paar rein japanische Flaschen mit einem für mich geheimnisvollen Inhalt. Es gibt zwar Duschen, doch die Japanerinnen füllen lieber ihre Schüsseln und leeren sie über sich aus. Irgendwann bin ich der Meinung, dass ich jetzt sauber bin. Ich halte mein Schamtüchlein vor mich und gehe die paar Meter zum Becken. Dann mache ich das, was die Japanerinnen machen, nämlich das Schamtüchlein abnehmen, um meinen Kopf wickeln und ins Wasser gehen.

Das Wasser ist heiß. Im Prinzip mag ich das gerne, aber das hier ist echt heftig. Was ein echtes japanisches Bad ist, hat mindestens vierzig Grad, oft sogar bis zu fünfundvierzig Grad heißes Wasser. Nach ein paar Minuten gehe ich raus, denn es gibt auch ein Becken im Freien. Und das ist toll! Im heißen Wasser zu liegen und die Sterne anzugucken, die Nähe des Fujiyama zu ahnen, das hat wirklich was. Das ist die japanische Vorstellung vom Paradies und für mich absolut nachvollziehbar. Zu meiner Freude sind bald nur noch Europäerinnen im Badehaus, sodass die Umstände mit dem Schamtüchlein ersatzlos entfallen. Auch nach dem Bad ist für alles gesorgt mit Lotion, Körpermilch, Fön, Wattestäbchen, Fußreflexzonenmassagemaschinen und Ähnlichem. Ich frage mich, wie man sich eincremt, während man sich gleichzeitig das Schamtüchlein vorhalten muss.

Sauber wie selten im Leben gehe ich zum Abendessen. Das Hotelrestaurant hat keine Konkurrenz und ist daher sehr teuer, aber immer noch billiger als ein deutsches Restaurant in einer vergleichbar exklusiven Lage. Die Stimmung ist sehr schön und ich gönne mir einen hervorragenden Meeresfrüchtesalat, bevor ich völlig k. o. ins Bett sinke.

5. November 2007

Durchs Land im Sauseschritt

Der Bus bringt uns nach Mishima, wo wir den Shinkansen, den legendären Schnellzug, nehmen werden. Der Shinkansen hat sein eigenes Schienennetz und ist wesentlich schneller als die konventionellen Züge, obwohl es auch Unterschiede gibt. Es gibt drei Shinkansen: einen Bummler, einen Flotten und einen Raser. Kodama, der Bummler, hält an jedem Bahnhof. Hikari, der Halbschnelle, an allen größeren Bahnhöfen und Nozomi, der Raser, nur an den größten Bahnhöfen. Doch leider fahren wir nicht mit dem Nozomi. Ich hätte gern die japanische Hochgeschwindigkeit erlebt. Unser Gepäck ist vorab verschickt worden, denn im Shinkansen muss man organisiert fahren. Alles muss schnell gehen. Man muss sich am Bahnsteig genau dorthin stellen, wo die Tür zum eigenen Waggon ist. Auf dem Bahnsteig sind entsprechende Markierungen angebracht. Und dann: rein, raus. Zack, zack. Herumhantieren mit Gepäck würde die Haltezeit verlängern, und ein Shinkansen hält exakt zwei Minuten. Und zwar auf die Sekunde. Trotz ihres eigenen Schienennetzes müssen sich die Züge aber mitunter überholen. Und da muss sich natürlich jeder Shinkansen an einer definierten Stelle befinden, wo ein Überholgleis ist. Zum Teil fährt der Shinkansen im Zehnminutentakt. Eine Verspätung würde nun dazu führen, dass der ganze Fahrplan zusammenbricht, und deswegen verspätet sich der Shinkansen schlicht und ergreifend nicht. Der Reiseleiter hat zum letzten Mal vor fünfzehn Jahren von einer Verspätung gehört.

Wir steigen ein und nehmen Platz. Die Beinfreiheit ist sehr großzügig. Das liegt daran, dass der Platz gebraucht wird, um die Sitze zu drehen, sodass man immer in Fahrtrichtung sitzt. Ich bin ein bisschen enttäuscht. Ich weiß nicht, was ich erwartet hatte, aber das Fahrgefühl ist wie beim ICE. Allerdings funktioniert alles und der Shinkansen ist auf die Sekunde pünktlich und von innen und außen strahlend sauber. Eine Frau fährt mit ihrem Servicewägelchen durch den Zug und verkauft Getränke und Knabbereien. In Osaka steigen wir um und fahren weiter nach Himeji, wo wir aussteigen.

In dieser Stadt befindet sich die Silberreiherburg, eine uneinnehmbare Festung. Es gab in Japan viele uneinnehmbare Festungen, doch gegen Verrat und Erdbeben ist kein Kraut gewachsen. Die militärisch bedeutungslose Silberreiherburg hat jedoch derlei Unbill unbeschadet überstanden. Die Anlage ist sehr verschachtelt, die Tore werden immer kleiner und enger. In einem Garten blühen noch Kirschen. Eine spät blühende Sorte. Ich finde die Burg schön und gucke und gucke und vergesse die Zeit. Als ich wieder auf die Uhr schaue, meine ich, ich sollte mich gemütlich auf den Rückweg machen. Aber der Weg nach draußen ist auch so angelegt worden, dass er Feinde (und Touristen) verwirrt, sodass ich mit hechelnder Zunge zwei Minuten zu spät am Bahnhof ankomme, für japanische Verhältnisse fast unverzeihlich. Trotzdem kriegen wir noch unseren Zug, der uns nach Hiroshima bringt. Es ist schon dunkel, als wir dort ankommen und wir werden von Taxis ins Hotel gebracht. Nein, es ist kein Klischee, wenn man in Filmen Taxis mit Spitzenbezügen und Fahrer mit weißen Handschuhen sieht. Das ist hier wirklich so. Wir wohnen mitten in der Stadt und haben einen tollen Blick auf das Panorama. Die beleuchtete Stadt schmiegt sich an die Berghänge, und der Fluss ergießt sich als schwarzes, sich schlängelndes Band ins Meer.

Abends treiben wir uns mit Mitreisenden in der Innenstadt herum und gehen in einer Garküche einen typischen Hiroshima-Pfannkuchen essen. Um eine Kochnische herum ist ein Tresen mit einem heißen und einem kalten Teil angeordnet. Der Fernseher läuft, Kartons sind überall gestapelt – pralles, ungekünsteltes Leben. Es ist sehr heiß, aber das Bier ist zum Glück kalt.

Die Köchin verstreicht auf ihrer Platte für jeden von uns einen Klecks Pfannkuchenteig. Darauf kommt ein Berg Kohl und Sojasprossen. Nachdem alles ein bisschen eingedampft ist, kommen ein paar Scheiben Speck und Meeresfrüchte darauf. Parallel werden Nudeln auf der Platte gewärmt. Der Pfannkuchen wird umgedreht und die Nudeln werden drumherum gelegt. Dann wird ein Ei darübergeschlagen und das Ganze wieder umgedreht. Weil wir Ausländer sind, bekommen wir Teller. Die Japaner bekommen den Pfannkuchen einfach auf den kalten Teil des Tresens weitergeschoben. Ordentlich Sojasoße drauf und loslegen. Ein gesundes, sättigendes Mahl. Lecker? Sagen wir mal so: problemlos essbar.

6. November 2007

Tag der extremen Gegensätze

Der Frühstückssaal unseres Hotels liegt im obersten Stockwerk, und man hat einen fantastischen Blick auf Hiroshima. Die Stadt liegt toll, in einem Flussdelta, umgeben von Bergen. Vom Hotel aus kann man den Friedenspark mit den kuppelförmigen Gebäudeüberresten von der Atombombe sehen.

Wir laufen zur Straßenbahnhaltestelle und fahren etwa eine Stunde bis zur Endstation. Von dort nehmen wir die Fähre zur heiligen Insel Miyajima. Hier befindet sich ein Schreintor im Wasser, Japans beliebtestes Fotomotiv. Man sieht es schon von Weitem und es fügt sich idyllisch in die schroffen Berge ein. Es nieselt, wie so oft in Japan. Wenn das Wetter schön wäre, könnte man sogar den Badestrand von Miyajima besuchen.

Auf der Insel lebt handzahmes Damwild. Die Männchen sind enthornt. Nicht nur, um die Leute nicht zu gefährden, sondern weil das Geweih auch angeblich potenzfördernd ist und deshalb von der pharmazeutischen Industrie abgegriffen wird. Die Viecher gehen sehr liebevoll miteinander um. Den Menschen gegenüber sind sie aufdringlich und versuchen, einem Eintrittskarten und Stadtpläne aus der Tasche zu zupfen, um sie zu fressen.

Wir besichtigen den Itzukumina-Schrein und werden unsererseits von Japanern besichtigt, die dort ihr Gebet verrichten und zuvor zweimal klatschen, um die Götter zu wecken. Wenn die Flut kommt, steht auch der Schrein im Wasser. Jetzt, bei Ebbe, halten sich Rehe unter den Stelzen auf, und Krabben rasen wild umher.

Der Ort gilt als Touristenfalle, und ausnahmsweise gefällt mir das. Die japanische Nüchternheit ist hinter eine reizende Verspieltheit zurückgetreten. Die kleinen Häuschen sind mit liebevollen Details versehen, die Straßen und Wege sind gepflastert. Viele traditionelle Geschäfte stellen ihre Waren aus. Das hebt sich sehr von den bisherigen, architektonisch einförmigen und zweckmäßig gebauten Orten ab. Hier ist es richtig idyllisch. Rothenburg ob der Tauber auf Japanisch. Das Schönste, was ich bisher gesehen habe. Wir haben sogar das Glück, einen Kuli zu sehen, der eine Rikscha mit einem Hochzeitspaar zieht.

Ein Laden wird uns wärmstens ans Herz gelegt. Dort sollen die teuersten Koi-Karpfen leben. Hinter Glas ist ein japanischer Garten, in dem alles streng reglementiert wächst. Im Becken tummeln sich die Kois, und mir ist nicht ganz klar, wie man für so einen hässlichen Fisch, der sein Maul rüsselartig vorstrecken kann, so viel Geld bezahlen kann. Aber ich muss ja auch nicht alles verstehen.

Wir gehen in ein Restaurant, in dem man offensichtlich amerikanische Gäste gewöhnt ist und dort bekommen wir eine östlich-westliche Melange serviert. Wenn man von beiden Küchen das Beste nimmt, kommt was Tolles dabei raus. Ich esse gebratene Austern und finde es lustig, dass ich im Land des rohen Fisches etwas gebraten bekomme, was man in Europa nur roh bekommt.

Es gibt hier eine Spezialität: Waffeln, die mit süßem Bohnenmus gefüllt werden. In mehreren Manufakturen kann man zugucken, wie altmodische, mechanische Maschinen die Waffeln machen, die dann aufwendig wie Pralinen verpackt werden. Ich kaufe eine Packung für die Nachbarn, die unsere Katze versorgen, und kriege prompt Streit mit meinem Mann. Er meint, wenn ich denen so ein merkwürdiges Zeug mitbringe, passen sie nie mehr auf die Katze auf. Doch so schlimm sind die Waffeln selbst für den westlichen Geschmack nicht.

Es geht wieder zurück nach Hiroshima, und jetzt ist das Kontrastprogramm dran: Der Friedenspark zum Andenken an die Atombombe, die dort 1945 von den USA abgeworfen wurde, um den Weltkrieg zu beenden. Sie richtete aber Verheerungen an, die die Welt nicht nochmals so sehen wollte, was bisher glücklicherweise auch geklappt hat. Dort befindet sich eine Friedensglocke, die man für ausgelöschte Familien anschlagen soll, von denen niemand überlebt hat, der die Todesrituale ausführen kann. Die Seelen der Verstorbenen wären auf ewig verdammt, wenn nicht fremde Menschen die Rituale vollziehen würden. In der Nähe steht eine Säule. Sie ist ziemlich neu und ist dem Andenken der verstorbenen Koreaner gewidmet, die von den Japanern lange nicht zur Kenntnis genommen wurden und mit erheblicher Penetranz dafür kämpfen mussten, wahrgenommen zu werden, da Japaner sich über Jahrhunderte den Koreanern überlegen gefühlt haben. Nun haben die Koreaner endlich ihre Stele, man nimmt ihr Leiden zur Kenntnis.

Auch eine Statue mit einem Kind mit Kranich ist dabei. Sie ist einem Kind namens Sadako Sasaki gewidmet, stellvertretend für die vielen anderen durch die Bombe getöteten Kinder. Sadako war zwei Jahre alt, als die Bombe fiel. Zunächst blieb sie gesund, doch mit acht bekam sie Leukämie. Einer Überlieferung zufolge muss man 10.000 Papierkraniche falten, um gesund zu werden. Sadako schaffte etwas über 6.000 Stück, dann starb sie. Bis heute falten japanische Schüler Kraniche für die toten Kinder und bringen sie als Girlanden zum Denkmal. Am großen Mahnmal wimmelt es von Schulklassen, es ist schwarz vor Menschen. Die Schüler legen ihre Blumen ab.

Wir gehen ins Museum. Bilder und Modelle von der Stadt, kurz vor und kurz nach der Atombombe. Eine Stadt voller Straßen und Holzhäuschen, und auf dem nächsten Bild buchstäblich nichts mehr, höchstens eine Handvoll Ruinen. Das Bild von einem Stein, auf dem eine Frau saß, als die Bombe fiel. Die Frau ist schlicht und einfach verdampft, von ihr blieb nur ein Fleck auf dem Stein übrig. Der berühmte Hiroshima-Dom war die Industrie- und Handelskammer und wurde von Europäern in europäischer Bauweise aus Beton errichtet, deswegen steht er noch. Ein wirklich krasser Tag voller Kontraste, morgens Idylle pur und nachmittags totale Zerstörung, wobei ich es schon erstaunlich finde, wie sehr sich die Stadt von der Atombombe erholt hat. Eine pulsierende, gepflegte Stadt mit verhältnismäßig viel Grün. Bis auf den Friedenspark deutet nichts auf die schreckliche Vergangenheit hin. Auf den ersten Blick zumindest sind die Wunden fast rückstandslos verheilt.

Abends gehen wir einkaufen. Polizisten mit Leuchtwesten, die wie Christbaumlichter blinken sowie einem fluoreszierend leuchtenden Schlagstock achten drauf, dass die öffentliche Ordnung gewahrt bleibt. Wir kaufen uns Bento, um es auf dem Zimmer zu essen. Bento ist Essen zum Mitnehmen. Das Essen ist in unterteilten Fächern untergebracht, und von allem gibt es ein bisschen. Ein bisschen Reis, ein bisschen Fisch, ein bisschen eingelegtes Gemüse. Das Essen ist in Kunststoff verpackt. Dazu gibt's verpackte Einwegstäbchen. Das Ganze wird noch mal in eine Tüte verpackt und zugeheftet. Schließlich wird diese Tüte in eine andere Tüte gesteckt. Ein Bier aus dem Automaten, glücklicherweise ohne Plastiktüte, und fertig ist das wirklich sehr leckere Abendessen.

7. November 2007

Wo alles begann

Vormittags fahren wir nach Nara, der Wiege der japanischen Kultur. Wir kommen durch die Berge, und der Wald ist in einem verheerenden Zustand. Bisher kannte Japan das Waldsterben nur vom Hörensagen, weil der Wind gnädigerweise die ganzen Dreckstoffe aufs Meer pustete. Genau dieser Wind pustet aber nun die chinesischen Industrieabgase nach Japan, die dort den Boden übersäuern und somit die

Bodenorganismen töten und die Pflanzen schädigen, sodass die Japaner sich nun auch mit dem Waldsterben auseinandersetzen müssen.

Auf einer Autobahnraststätte muss ich auf die Toilette und rege mich auf. Nein, wie alle Klos in Japan ist es total sauber. Aber nicht nur die Klobrille ist so warm, dass ich mir den Hintern verbrenne, obwohl die Außentemperatur bei etwa zwanzig Grad liegt. Die eingebaute Bidetfunktion mit „körperwarmem" Wasser ist ebenfalls dazu angetan, einem die Weichteile zu verbrühen. Dazu gibt es noch einen einstellbaren Soundgenerator. In Japan sind Toilettengeräusche verpönt, und so freuen sich die Toilettengäste, wenn sie diese mit einem passenden Sound übertönen können. Wie viel Strom so ein Klo pro Jahr verbraucht?

Heute haben wir keine Zeit fürs Mittagessen, sodass wir uns Bento kaufen, um es im Bus zu essen. Mein Essen ist in Fächer unterteilt. Ich habe ein Reisfach, garniert mit einer salzigen Kirsche, ein Abteil mit eingelegtem Gemüse, ein Abteil mit Algen oder Tang oder etwas Ähnlichem wie Fadenwürmern, wer weiß das schon so genau. Eine frittierte Krabbe ist da und ein undefinierbarer Klops, der wohl aus Tofu ist, ein Stück roher Fisch, eine Scheibe gekochte Karotte, eine schleimige Kugel, die sich als Kartoffel herausstellt und ein grauer Glibberklumpen, dessen Ausgangsbasis für mich nicht feststellbar ist. Jedenfalls ist alles bekömmlich und schmeckt auch gut, auch wenn der optische Eindruck im einen oder anderen Fall gewöhnungsbedürftig ist. Es gibt nichts, was mir auch nur annähernd Verdauungsprobleme verursacht hätte. Außerdem kaufe ich Maronen. Sie sind völlig makellos. Keine schwarzen Stellen, keine gerissene Schale und trotzdem durch. Den Kauf bereue ich sogleich, denn der Verkäufer packt nicht nur die Maronen in eine Papiertüte, sondern die Papiertüte in eine Plastiktüte und diese wiederum in eine Papiertüte. Doch schmecken tun die Kastanien trotz dieser opulenten Verpackung.

Am frühen Nachmittag kommen wir in Nara an. Wir besuchen den Todaiji-Tempel, die größte Holzkonstruktion der Welt, die wiederum den größten Buddha der Welt samt ein paar Kannons beherbergt. Auch hier sind viele Schulklassen anwesend und es herrscht furchtbares Gedränge. In einem Pfeiler ist eine Lücke. Die Kinder sollen probieren, ob sie da durchpassen. Wer es schafft, würde auch in Buddhas Nasenloch passen. Die Glocke ist unglücklicherweise nur die zweitgrößte Glocke im Land, aber groß genug um die 108

Noppen deutlich zu zeigen, die für die 108 Bindungen des Menschen an die Erde stehen. Deswegen wird bei feierlichen Anlässen die Glocke 108 Mal angeschlagen, um diese Bindungen zu lösen. Vorher kann man nicht ins Nirwana, das buddhistische Paradies, das aus reiner Wunschlosigkeit und Ich-Auflösung besteht. Für mich hört sich das nicht übermäßig verheißungsvoll an. Wenn sich das Ich auflöst, hat man ja nichts vom Paradies. Ich vermisse die Komfortzone fürs Ich. Aber vielleicht sollte man als Toter schon für die Abwesenheit der Hölle dankbar sein. Auch hier treiben sich zahme Rehe herum und es gibt Haarreifen mit Plüschgeweihen zu kaufen sowie aufblasbare Hirsche zum Hinterherziehen und, wie an jedem Tempel, Talismane, Amulette und Glückstäfelchen für alle Wünsche bis hin zu den profansten Dingen.

Weiterfahrt ins nahe gelegene Kyoto. Auch diese Stadt mit ihrer einförmigen Architektur bietet keine optischen Haken, an denen das Auge hängen bleibt. Hochstraßen wie in Tokio. Abends fahren wir mit dem Taxi ins Geishaviertel Gion, das Teil der Kyotoer Altstadt ist. Lauter kleine Holzhäuschen mit papierbespannten Schiebetüren, noch aus früheren Zeiten stammende Anbindeplätze für Pferde und Stützgestelle aus

Bambus, die es den Hunden unmöglich machen, ihr Geschäft an einer Hauswand zu verrichten. In den Teehäusern sitzen die Geishas und empfangen dort speziell ausgewählte Gäste. Für so was Schnödes wie Geld wird kein Zutritt gewährt. Den Empfang bei einer Geisha muss man sich durch Kultiviertheit und Beziehungen verdienen. Unsereiner kann lediglich einen Blick auf eine Geisha erhaschen, wenn diese aus dem Taxi steigt und in ihr Teehaus geht. Wie ein Star. Geishas sind Unterhaltungskünstlerinnen auf höchstem Niveau. Bis sie Profis sind, vergeht eine Reihe von Jahren. Wenn sie sich noch in der Ausbildung befinden, heißen sie Maiko. Geishas und Maikos kann man vor allen Dingen am Obi, dem Kimonogürtel, unterscheiden. Die Geisha bindet ihn am Rücken zu einem kleinen Päckchen zusammen, sodass es so aussieht, als würde sie ein Kissen auf dem Rücken tragen. Sie kann auch dezent geschminkt sein. Eine Maiko hingegen lässt ein Stück Obi schleppenartig herunterhängen. Zudem muss sie sich auffällig schminken, d.h. das Gesicht und den Hals ganz weiß machen. Sehr beliebt dazu sind rosa Augenlider, was den Damen aus unserer Sicht ein erkältungsartiges Aussehen verleiht. Darf die Geisha eine Perücke tragen, so ist die Maiko zu einer aufwendigen

Frisur gezwungen, die sie jede Woche beim Friseur neu machen lässt. Um sie in der Zwischenzeit nicht zu ruinieren, muss die Maiko nachts den Kopf auf ein besonderes Gestell betten. Das hört sich nach einer sehr ungemütlichen Nacht an!

Eine Maiko rauscht an uns vorbei, und hier wird ein Widerspruch besonders augenfällig. Die Japaner sind meist von kleiner, schlanker Statur, haben aber oft einen erstaunlich plumpen Gang, erzeugt durch einwärts gedrehte Füße. Auch diese Maiko, von der man annehmen kann, dass sie Begabung fürs Tanzen und für Grazie hat, erschüttert mich ein bisschen. Sie legt schon ein ziemliches Getrampel hin. Geishas und Maikos sind übrigens eine aussterbende Spezies. Ihre sehr aufwendige und teure Ausbildung hat zum Ziel, dem Mann eine entzückende Begleiterin zu sein, doch nicht nur Fernsehen und Internet machen ihr Konkurrenz, auch die japanischen Emanzen setzen ihnen zu. Da bleiben weder Zeit noch Lust noch Geld für die Geishas übrig.

Übrigens: Bei allem Unterwürfigen und Weibchenhaften hat die japanische Frau den Daumen auf dem Geld. Der Mann schafft die Kohle ran und gibt sie der Frau, die ihm sein Taschengeld zuteilt, denn die traditionelle

Japanerin hört nach der Hochzeit auf, zu arbeiten, und das gilt auch jetzt noch weitgehend. Das Auto, das Haus, das Pferd, die Jacht, alles das, was in der deutschen Sparkassenwerbung von einer männlichen Stimme als „mein" bezeichnet wird, war schon immer in Japan ureigenstes Gebiet der Frau! So kann man sich in den zarten Frauen täuschen, was übrigens für ganz erhebliche interkulturelle Missverständnisse sorgt. Die japanische Frau macht so einen gefügigen Eindruck, doch sie ist erst in zweiter Linie die nette Unterhalterin des Mannes und in erster der Finanzminister.

8. November 2007

Steine, Moos und Gold

Auf dem Programm steht heute der Ryoanji-Tempel mit seinem berühmten Steingarten. Es gibt da extra Bänke zum Meditieren, wo man auch die Sonne herrlich genießen kann, doch diesen akkurat in Wellenmuster gerechten, kahlen Steinchen kann ich nichts abgewinnen, und ich vermute, dass dieses Setting mich nicht dazu anregen würde, meinen Geist zu leeren. Vielleicht liegt das aber auch daran, dass man an derartigen Plätzen deutlich länger verweilen müsste, als wir es können. Der Moosgarten hingegen mit friedlich plätscherndem Wasser und baumhohen, blühenden Kamelien wirkt ganz anders auf mich! Das ist schön. Da kann der Geist ausruhen.

Im Tempel herrscht wie üblich Schuhverbot und ich bin barfuß unterwegs. Jetzt muss ich auf die Toilette, was ich nicht so toll finde. Aber Japaner denken an alles, und so stehen vor dem Klo Pantoffeln, mindestens drei Nummern zu klein. Das Klo ist wunderschön. Es besteht aus Holz und bespannten Papierwänden, dazu gibt es den mittlerweile bekannt infernalisch beheizten Klositz.

In der Mitte der Gartenanlage befindet sich ein Teich. Darauf ist eine Insel mit einer Statue der Glücksgöttin. Aber wir müssen weiterhuschen, das Programm ist noch lang!

Der nächste Punkt ist der Knaller überhaupt: Der Goldene Tempel. Da wir heute Glück mit dem Wetter haben, überstrahlt dieses Gebäude alles andere, er blendet, spiegelt sich im Wasser, haut einen um. Ich stehe wie hypnotisiert da. Der helle Wahnsinn! Ich könnte den restlichen Tag hier bleiben und einfach nur gucken, aber ich werde von den Menschenmassen unerbittlich weiter gezogen und in Richtung Teehaus geschoben. Dort gibt es eine Verkostung. Eine Frau im Kimono reicht mir eine kleine Schale und schaut mich erwartungsvoll an. Das Wasser darin ist rosa, es schwimmen Krümel drin. Ich trinke einen Schluck und will sterben. Das Zeug schmeckt total salzig! Die Dame schaut mich noch erwartungsvoller an. Ich erinnere mich an meine Kinderstube und trinke meine Schale leer, die die Frau mit einem huldvollen Lächeln entgegennimmt. Ehe sie nachschenken kann, begebe ich mich auf die Flucht. Eine Mitreisende aus unserer Gruppe kauft jedoch eine Packung von diesem Tee. Sie findet ihn gut. Doch was es für ein Tee ist, bleibt uns verschlossen.

Wir fahren weiter. Als Nächstes steht das Nijo-Schloss auf dem Programm, welches gegen Eindringlinge extrem gut geschützt war. Und jetzt weiß ich, woher „Nachtigall, ick hör dir trapsen" kommt. Das Schloss hat nämlich einen Nachtigallenboden, der quietscht, wenn man darüberläuft. Unter den elastischen Holzbohlen sind Nägel angebracht, die bei Berührung dieses Geräusch von sich geben. Eine geniale, energiesparende und absolut zuverlässige Alarm-anlage. Möbliert ist das Schloss nicht, denn das übliche japanische Haus ist nicht möbliert. Die Zimmer sind mit Tatami-Strohmatten ausgelegt. Das Bettzeug wird tagsüber eingerollt und weggeräumt, ebenso alle anderen Gegenstände. Mangels Sofa und Ähnlichem verbringt man sein Leben damit, auf den Fersen zu sitzen. Das Leben kann manchmal verdammt schwierig sein. Zumindest für den europäischen Anfänger. Dafür kommen die Malereien auf den goldenen Wänden besser zur Geltung. Ich finde sie zunächst nicht so beeindruckend, doch sie müssen sehr schwer herzustellen sein. Auf dem goldenen Untergrund haften die Farben nicht so einfach. Auch sind Darstellungen davon zu sehen, wie sich die Künstler Tiger und Leoparden vorstellten – seinerzeit hatten sie nur Felle als Vorlage und haben dazugemalt, wozu ihre Fantasie sie inspirierte.

Zur Mittagszeit sind wir in der Kyotoer Innenstadt. Die Gruppe trennt sich. Mit einem kleinen Grüppchen gehen wir in ein Restaurant, welches europäische Küche anbietet. Der Salat ist eine Mischung aus italienischer und französischer Küche und meine Pizza ungewöhnlich belegt: mit Meeresfrüchten und Avocado. Schmeckt aber gut.

Wir treffen die Gruppe wieder zum Gang über den Lebensmittelmarkt. Fische und Kraken in winzigen Wasserbecken, Langusten, die mit ihren zusammengebundenen Zangen versuchen, ihrer Zwangslage zu entkommen. Einzelne Kalamaresarme, Glibber in allen Farben, Fischaugen, sauer eingelegtes Gemüse noch und nöcher, aber kaum frisches Gemüse und vor allen Dingen kaum Obst, dafür mindestens zehn Sorten Reis. Offensichtlich ersetzt roher Fisch mit Sojapaste hierzulande Obst und Gemüse, denn es gibt laut Statistik keine Nation, die die Japaner an Langlebigkeit übertrifft. Der Markt ist ein Augenschmaus, aber ich befürchte, dass die Waren kein Fest für meinen Gaumen sind.

Wir gehen weiter zum Kyotoer Bahnhof und ich wette alles, dass er als Vorlage für den Berliner Hauptbahnhof gedient hat, obwohl er ein bisschen stabiler gebaut worden sein dürfte. Das Dach sieht aus wie in der deutschen Hauptstadt, aber hier ist bisher bei Sturm noch keine Traverse runtergekracht. Der Bau war damals eine Mordsmauschelei und die Kosten sind bis heute unbekannt. Der Bahnhof ist überall weihnachtlich geschmückt. Weihnachtsbäume und Geschenke blinken, bekannte Melodien rieseln in unsere Ohren. Ich trage Sandalen und T-Shirt.

Vom Bahnhof hat man einen tollen Blick über die Stadt, und so kann man auch den Eiffelturm sehen, bzw. einen Turm, der noch ein paar Meter höher ist als sein Vorbild in Paris. Bringt aber nichts, da der Kyotoer Eiffelturm zwischen lauter gleich hohen Hochhäusern eingekeilt ist und man ihn erst sieht, wenn man davorsteht.

Abends gehe ich mit paar wenigen Mitreisenden, die sich noch tapfer halten, ins Gion-Corner. Ein Theater, in dem man im Schnelldurchlauf Kunst und Kultur in Japan präsentiert bekommt. In kurzen Darstellungen von ein paar Minuten erleben wir zunächst eine Teezeremonie, die an das Ritual des Meßweintrinkens eines christlichen Pfarrers erinnert. Dann spielen zwei Frauen auf einer Koto, einem ungefähr zwei Meter langen, dreizehnsaitigen Instrument, während eine andere Frau ein kunstvolles Blumengesteck arrangiert.

Als Nächstes ist die Gagaku-Hofmusik dran, und manchmal ist es für europäische Ohren ein Grund zur Freude, dass man etwas nur fünf Minuten hören muss. Zwar ist der rot verkleidete Tänzer interessant anzuschauen, aber die Musik ist schräg und schrill. Ich bin überzeugt, dass sich das so anhören muss, aber für westliche Hörgewohnheiten klingt es, als ob die Instrumente verstimmt wären.

Ein volkstümliches Stück zeigt uns, wie Freunde sich gegenseitig austricksen. Dass sie sich austricksen, verstehe ich. Warum, allerdings nicht. Wahrscheinlich geht es mal wieder um eine Frau.

Beim Kyomai-Tanz, vorgeführt von zwei Maikos, können wir endlich einen kleinen Eindruck davon bekommen, was in den Teehäusern vor sich geht. Jede Bewegung sitzt, auch die Fingerhaltung ist sehr elaboriert. Das Tempo ist langsam, die Instrumentalisierung sehr sparsam eingesetzt.

Zum Schluss ist ein Bunraku-Puppenspiel dran. Schwarzgekleidete Männer mit spitzen schwarzen Kapuzen, die den Kopf und das Gesicht bedecken, bewegen eine knapp einen Meter große Puppe. Diese unheimlichen Männer interessieren mich mehr als die Empfindungen der Puppe, die einen Brief erhält, der sie aus der Fassung bringt.

Wieder im Hotel, beschließe ich zu baden. Das Hotel hat in der obersten Etage ein Badehaus, und so kann man im Becken hängen und über die Lichter Kyotos blicken. Es wimmelt von Japanerinnen, sodass ich diesmal mein Schamtüchlein benützen muss. Nach einer Weile fühle ich mich aufgequollen und wie verkocht und möchte mir nach guter deutscher Sitte eine kalte Dusche verpassen, aber das geht nicht. Die Japanerinnen haben mich visuell fest im Griff, und als ich den Temperaturregler der Dusche auf „kalt" stelle, kommen sofort zwei Frauen herangeschossen, reden wild auf mich ein und drehen mir das Wasser wieder warm. Ich hoffe, einen Moment zu erwischen, in dem ich der Sichtkontrolle entgehen kann, aber ich werde von allen Seiten aufmerksam fixiert, sodass ich nach wie vor verbrüht den Rückzug antreten muss.

9. November 2007

Glücksdrachen und Powershopping

Wir fahren zum Kiyomizu-Schrein, dem Hausschrein Kyotos, der voller Menschenmassen ist. Eine schwarze Masse schiebt sich durch, Abertausende von Schulklassen in Uniform. Der Legende nach kommt nachts hier die Kannon in Form eines Drachens runter und trinkt. Drachen sind hier Glückstiere, und die Kannon passt wirklich gut auf Kyoto auf. Erdbeben und andere Katastrophen haben die Stadt stets glimpflich behandelt.

Hier fließt oben aus einem Felsen eine dreistrahlige Quelle, aus der man trinken kann. Auf einem Balkon stehend, hält man einen

Becher, der an einem langen Stab befestigt ist, unter den Strahl seiner Wahl. Die Strahlen stehen für Geld, Gesundheit und ein langes Leben. Man darf aber nur aus zwei Quellen trinken. Trinkt man aus allen Dreien, dann verkehrt sich ihre Wirkung ins Gegenteil.

Wir besuchen den Friedhof, der grau ist vor lauter Stelen. Selbstredend ist nur Feuerbestattung möglich, für was anderes ist kein Platz. Wenn der Himmel den Nachteil hat, dass man kein Paradies mit Annehmlichkeiten vorfindet, so ist die Hölle im Gegenzug auch nicht die ewige Verdammnis. Zwar wird man auch wie in der christlichen Hölle gebraten und gepiesackt. Aber wenn die Nachfahren die Seele ordentlich stabilisieren, kann man der Hölle entweichen.

Der Reiseleiter hat noch Geld übrig, also kauft er uns eine Packung Süßigkeiten. Eine Packung für den ganzen Bus. Bohnenmus eingerollt in rohen Reisteig. Der Reisteig fühlt sich glitschig an und wird scheinbar immer mehr im Mund. Die eine Packung reicht für alle, der Reiseleiter sagt, wer nicht artig ist, muss den Rest aufessen. Die Drohung wirkt und wir sind alle artig.

Als Nächstes besuchen wir den Silbernen Tempel, und ich freue mich darauf. Ich erwarte das Gleiche wie im Goldenen Tempel gestern, nur in Silber. Denkste! Der Silberne Tempel ist aus Holz. Warum er Silberner Tempel heißt, ist unklar.

Neben dem Tempel steht ein Haus, an dem mustergültig alle Elemente eines klassischen japanischen Hauses vorhanden sind. Davor ist ein Steingarten, der, wie sein Name schon sagt, botanisch eher uninteressant ist. Der Kies ist sehr, sehr akkurat gerecht. Daneben gibt es zahlreiche Moosgärten. Bewachsene Steine und Äste. Im dunkelgrünen Hintergrund kommt das bunte Herbstlaub richtig gut zur Geltung. Ein Setzkasten, der dreißig verschiedene Arten Moos beherbergt, belehrt über die verschiedenen Moosarten. Das unattraktivste Moos ist natürlich das, das überall vorkommt und das attraktivste wächst extrem langsam und stellt bei jeder Störung das Wachstum ganz ein. Ein Gärtner pflegt das Moos. Er klaubt mit einer feinen Zange die Blätter heraus, die auf die Moosflächen gefallen sind.

Mittlerweile sind wir alle ziemlich gesättigt vom Besuch so vieler Schreine, aber den Endspurt stehen wir noch durch. Im Heian-Schrein, ganz nach chinesischem Vorbild gestaltet, ist es aus unerfindlichen Gründen ziemlich leer. Eltern bringen ihre Kinder zur Schichi-go-san-Feier, die gefeiert wird, wenn die Kinder jeweils drei, fünf und sieben Jahre alt sind. Die Kinder werden zu dem Zweck mit feierlicher japanischer Kleidung ausstaffiert und bekommen Geschenke. Anhand der im Hof ausgestellten Fotos kann man sehen, dass dieser Schrein für Kinderangelegenheiten sehr beliebt ist, denn auch die shintoistische Taufe findet anscheinend öfter statt.

Damit sind wir vom offiziellen Programm erlöst und dürfen uns nun in den Shopping-Trubel stürzen. Einkaufen ist nicht so mein Ding. Ich bin aber eine ziemliche Ausnahme. Alle anderen kaufen frenetisch los. Doch an einem Punkt wird mir richtiggehend blümerant. So ähnlich müssen sich früher die Bewohner der DDR gefühlt haben, als sie zum ersten Mal in einem westlichen Kaufhaus waren.

Die Lebensmittelabteilung des Edelkaufhauses Daimaru ist atemberaubend! Insbesondere die Abteilung mit den Backwaren hat es mir angetan. Hier hat man die Brot- und Kuchenbäckerei aus Europa noch verfeinert. Wenn deutsche Konditoren sich weiterbilden wollen, müssen sie nach Japan gehen. Die Tortenstückchen sind klein und fein, jedes einzelne ist aufwendig verpackt in tausend Schichten Zellophan und extrem akkurat geschnitten. So kann kein Mensch schneiden und ich frage mich, welche Art von Maschine dafür benutzt wird. Der Belag und die Dekoration der Torten sind äußerst fein, aufwendig und fantasievoll. Es werden richtige Landschaften aus dem Belag geformt. Nüsse, Trockenobst, kandiertes Obst, Sahne, alles wird äußerst ansprechend vermischt und angerichtet.

Eine deutsche Firma mischt mächtig mit und verkauft edel verpackte Baumkuchen bzw. Baumkuchenringe und Frankfurter Kränze mit dem Slogan „wohlschmeckend, weil gesund". Wenn das stimmt, dann habe ich bisher in meinem Leben etwas ganz Wesentliches missverstanden.

Am Eingang zur Brotabteilung steht ein mindestens zwei Meter hoher Eiffelturm aus Brotteig, und nach diesem Einstieg geht es ebenso unbescheiden weiter. Man nimmt sich ein Tablett und eine Zange. Dann steht man vor krachend vollen Regalen mit schlicht und ergreifend allen bekannten Brotsorten und packt sich das Gewünschte auf das Tablett. Und ja, das Brot gehört auch zu den Dingen, die in Japan teurer sind als bei uns, ebenso wie der Kuchen. Für den Preis eines Stückchens Kuchen bekommt man schon ein ganzes Gericht.

Genau genommen gibt es in dieser Lebensmittelabteilung nichts, was es nicht gibt. Auch an der Käsetheke gehen mir die Augen über. Dann lande ich wieder bei den Kuchen vor einem Glaskasten. Dahinter steht ein Mann mit Mundschutz und Handschuhen und einem riesigen Schneidwerkzeug, das viel mehr mit einem Samuraischwert als mit einem Küchenmesser gemeinsam hat. Er peilt genau, dann haut er einen Kuchen in Stücke. Diese überirdisch glatten Schnittkanten sind also reine Handarbeit! Völlig fasziniert gucke ich eine Weile dabei zu, wie er die Kuchen zerkleinert.

Später erzählt mir der Reiseleiter, dass die japanischen Küchenmesser so legendär wären, weil sie tatsächlich genauso wie die Samuraischwerter aus gefaltetem Stahl geschmiedet werden. Nach dieser Lebensmittelabteilung bin ich platt und gehe wieder in das Badehaus. Heute bin ich alleine und genieße es sehr, dass ich ungehemmt kalt duschen kann.

Es geht dann zum Abschiedsessen ins Restaurant. Wie es sich bei einem anständigen japanischen Haus gehört, müssen wir die Schuhe ausziehen und in Schließfächer sperren, die mit großen, kammartigen Holzschlüsseln zugeschlossen werden. Und am besten ist, man merkt sich sein Fach, denn es gibt keine Nummern, hier hat jedes Fach seinen eigenen, japanischen Namen.

Der Tisch ist schon gedeckt. Auf jedem Platz steht eine Art überdimensionale Muffinform aus Papier, in der dekorativ rohes Gemüse angerichtet ist, so richtig ikebanamäßig. Die Muffinform steht auf einer Art Fonduestövchen. Als wir sitzen, wird die Brennpaste entzündet, was mich entsetzt: Papier brennt doch! Da sehe ich erst, dass auch Wasser in der Form ist, und die Serviererin sagt, dass Papier, in dem Wasser schwimmt, nicht brennt. Und sie hat recht!

Während wir darauf warten, dass das Wasser kocht, wobei ich mir nicht vorstellen kann, dass das Stövchen das Wasser in der Papierform kochen soll, wird Sushi serviert. Inzwischen bin ich geübt und lasse den Tintenfisch aus. Der Rest schmeckt mir gut. Auch ein paar frittierte Tempura-Stücke gibt es. Und dann kocht das Wasser tatsächlich! Darin werden dünne Rindfleischscheiben eingelegt, und es ist das erste Mal, dass ich hier Rindfleisch esse. Das Fleisch ist von sehr vielen, zarten Fettadern durchzogen und schmeckt vorzüglich. Dann gehen die Stövchen pünktlich aus, und übrig bleibt eine leckere Gemüsesuppe. Nachdem mir nicht mehr viel Zeit bleibt, beschließe ich, heute Sake zu trinken.

Schon lange her, dass ich das letzte Mal welchen hatte, und er hat keinen bleibenden Eindruck auf mich gemacht. Ansonsten war das ein sehr leckeres Essen.

10. November 2007

Panik auf der Zielgeraden

Im Morgengrauen werden wir nach Osaka zum Flughafen gebracht. Die erwartete Routine wird echt spannend, weil unsere Namen nicht im Computer stehen. Kurz vor unserem Abflug bekommen wir endlich unsere Bordkarten, ohne zu wissen, woran es nun gehapert hat. Es geht nach Tokio, wo wir ein paar Stunden Aufenthalt haben.

Am dortigen Flughafen schlendern wir gerade durch ein Geschäft, als ich das Gefühl habe, dass meine Umwelt irgendwie schwankt. Ich werde wohl Kreislaufstörungen haben. Dann sehe ich, dass die Sachen an den Regalen zittern. Eine Verkäuferin läuft an die Kasse und legt irgendwelche Schalter um. Kommt etwa jetzt das große Erdbeben? Jetzt, wo wir fast auf dem Heimweg sind? Panik steigt in mir auf, aber außer mir scheint keiner beunruhigt zu sein. Plötzlich entwickle ich ein irrsinniges Heimweh, und als das Flugzeug abhebt, macht sich große Erleichterung in mir breit.

Japan – so fremd und widersprüchlich. Einerseits fühlte ich mich als Fremdkörper, und dieses Fremdkörpergefühl bleibt anscheinend auch nach Jahren in dem Land bei Ausländern bestehen. Andererseits tut man keinem Ausländer was zuleide. Es war die erste Reise, auf der niemand auch nur ansatzweise versucht hat, mich zu übervorteilen. Man wird schlicht und ergreifend nie übers Ohr gehauen, und dieses enorme Sicherheitsgefühl verleitet einen zu fast trügerischem Leichtsinn. Auch ohne ein Wort japanisch ist man nicht aufgeschmissen. Es sind überall Leute, die sofort versuchen zu helfen, wenn man sie fragend anblickt. Sie reagieren sehr hilfsbereit, wenn sie merken, dass jemand verloren ist. Das kollektive Bewusstsein ist stark ausgeprägt. Das zeigt sich in einer sozialen Kontrolle und Verhaltensschemata, die mich als Europäerin einengen würden, aber so im Urlaub ist das ganz praktisch. Dabei gibt es in Japan durchaus Individualismus, er ist ja nicht verboten. Doch die Leute sehen überwiegend keinen Vorteil darin. Es ist doch schön, wenn alle an einem

Strang ziehen und Gruppenharmonie herrscht. Dafür gibt man gern einen Teil seiner Bedürfnisse auf. Insgesamt hat es mir viel besser gefallen, als ich gedacht hätte. Und was mich persönlich aus den Socken gehauen hat, ist, dass Tokio seit Neuestem die kulinarische Hauptstadt der Welt ist, besser als Paris oder Lyon oder sonst ein Ort in Frankreich. Ausgerechnet Tokio! Wobei mir eine Sache einfällt, die ich bereue: In einem Hirnfach befand sich der Traum, einmal ein Steak vom Kobe-Rind zu essen, jenen Tieren, die täglich massiert und mit Geigenmusik beglückt werden. Tja, und nun bin ich wieder in Deutschland und habe diese Chance verpasst.

Indonesien

- oder Neptun mag mich nicht so richtig

Ich habe ein schwieriges Jahr hinter mir, voller privater und beruflicher Probleme. Das Einzige, was mich aufrechterhält, ist meine geplante Reise. Nach langen Jahren der Abstinenz werde ich wieder meine Tauchsachen herauskramen und zusammen mit einer sachkundigen und ganz sicher netten Gruppe durch die Inselchen von Raja Ampat in West-Papua schippern und die, wie es heißt, sagenhafte Unterwasserwelt erkunden. Doch kurz vorher verschiebt der Veranstalter die Reise. Ich kann jedoch meinen Urlaub aus Arbeitsgründen nicht verschieben. Außerdem bin ich urlaubsreif, um nicht zu sagen überreif. Ich habe schon lange so eine gierige Lust auf schwülheißes Wetter, den Geruch nach exotischen Gewürzen, das Rauschen der Palmen und einiges mehr, was meiner Vorstellung vom Paradies entspricht und einen ziemlichen Kontrast zu meinem Alltag darstellt. Der Reiseveranstalter stellt mir ein neues Programm zusammen, das recht vielversprechend klingt. Zunächst fliege ich nach Raja Ampat. Dort werde ich eine Woche auf der Insel Kri verbringen. Dann kehre ich wieder aufs Festland zurück und begebe mich eine Woche auf die Insel Birie. Ich muss zwischendrin aufs Festland zurück und dort übernachten, weil von dort aus die verschiedenen Boote zu den umliegenden Inselchen starten. Zum Schluss verbringe ich noch eine Woche auf Bali. Die Gruppe und das Schiff werden mir fehlen, aber ansonsten sollten alle Zutaten für einen tollen Urlaub beisammen sein, den ich im November 2010 antrete.

6. November 2010

Feuerwerk aus dem Vulkan

Seit ein paar Wochen spuckt der Vulkan Merapi, es werden größere Ausbrüche vorhergesagt. Ich mache mir Sorgen, obwohl der Reiseveranstalter abwiegelt und behauptet, dass der Vulkan mich nicht beeinträchtigen werde. Dann werde ich auch noch zwei Tage vor Urlaubsantritt krank. Eine heftige Erkältung, mit allem, was dazugehört. Ich fühle mich sehr schwach. Erkältungen sind auf Langstreckenflügen übel, und Tauchen geht gar nicht. Kaum im Flugzeug, begebe ich mich sofort in Schlafposition und bin wohl auch gleich weg. Die Stewardess redet auf mich ein, um mir ein Essen anzudienen. Ich wünschte, sie hätte es gelassen. Ich habe so schön geschlafen!

Meine Schlappheit lässt mich den Flug nach Singapur gut überstehen. Landung in Singapur am späten Nachmittag. Ich suche meinen Anschlussflug nach Jakarta. Aber die Flüge nach Jakarta sind abgesagt, weil der dortige Flughafen wegen des Vulkanausbruches geschlossen ist.

Oh nein!
Doch!

Ein separater Schalter wird für alle Gestrandeten geöffnet. Ich soll mir ein Taxi nehmen und mich ins Hotel Golden Landmarks bringen lassen. Das Hotel soll dann das Taxi zahlen. Singapore Airlines lässt seine Passagiere nicht im (Asche)Regen stehen!

An der Rezeption wird eine Angestellte von allen Seiten und in allen Sprachen von Gästen belagert. Und von Taxifahrern, die ihr Geld wollen. Ich weiß nicht, wie sie es schafft, den Überblick zu behalten. Es ist alles ziemlich gut organisiert. Ich bekomme mein Zimmer und meine Verzehrboni. Im Zimmer weht mir Polarluft entgegen. Damit man sie besser erträgt, liegt eine dicke Steppdecke auf dem Bett. Richtig ausschalten kann man die Klimaanlage nicht.

Im Hotel findet eine große private Feier von Indern statt, die hier eine wichtige Minderheit sind. Ein Restaurant, mehrere Gesellschaftsräume und der Poolbereich sind fürs Publikum gesperrt. Es wird Livemusik gemacht. Traditionelle indische Musik, zwischendrin westliche Evergreens. Etwas laut und nicht gerade mein Geschmack. Alles ist mit Vasen und Torbögen voller künstlicher Blumen geschmückt. Schilder künden davon, dass Prinzessin S... (es klang wie Soraya) Geburtstag feiert. Massen an herausgeputzten Indern sind unterwegs. Die Frauen tragen seidene Saris mit üppiger Goldverzierung, die Männer haben ihre Kurtas, weiße Hosen mit einem knielangen Hemd, angelegt. Es werden Riesenmengen Essen serviert. Die Protagonistin sehe ich schließlich auch. In einem rosa Kleidchen mit auf dem Rücken befestigten Flügeln sieht sie aus wie ein Monsterschmetterling, wie sie wechselnden Erwachsenen mit erstaunlichem Langmut auf dem Arm hängt. Die Prinzessin wird nämlich erst ein Jahr alt.

Im nicht abgesperrten Bereich des Hotels finde ich ein Restaurant und esse scharfe Krabben mit Zwiebeln und Reis, dazu gibt's Wassermelonensaft. Danach wäre es eigentlich an der Zeit, mal draußen eine Runde zu drehen, denn das Hotel liegt mitten im Geschehen. Aber es gießt. Ich gehe ins Bett und schlafe gleich ein. Ich wache nur einmal auf, weil die klebrige Feuchtigkeit, die so kennzeichnend für die Tropen ist, es doch noch bis in mein Zimmer geschafft hat. Ich freue mich und schlafe bis zum nächsten Morgen.

7. November 2010

Reduzierter Erholungswert

Ich telefoniere herum und komme nicht weiter. Dann höre ich, dass ein Extratisch für meinesgleichen aufgestellt worden ist. Das Chaos ist unbeschreiblich. Ich weiß nicht, wie die zwei Leutchen das Durcheinander gemanagt haben, aber für nachmittags beschaffen sie mir einen Flug nach Jakarta. Meine indonesischen Weiterflüge soll ich in Jakarta klären. Jetzt habe ich also paar Stunden Freizeit.

Um mein Hotel herum lebt das alte Singapur. In dieser modernen, klinisch sauberen Stadt, in der kein Kaugummi auf die Straße gespuckt werden darf, haben sozusagen Biotope für kulturellen Artenschutz überlebt. Und die Arten leben! Ich bin im arabischen Viertel, in dem viele Frauen ihr Gesicht verhüllen. Das wird auch in Singapur mit Sorge betrachtet. Moslems lebten hier schon immer und waren angenehme Zeitgenossen, doch der Fundamentalismus greift auch hier immer stärker um sich.

Ich will an den Hafen. Dort soll es das angeblich größte Riesenrad der Welt geben. Und den Marina Sands Park, einen Park mit Schwimmbad, der wie ein überdimensionales

Brett auf drei Hochhäusern in zweihundert Metern Höhe liegt.

Es sieht nicht so weit aus, aber eine Einheimische rät mir, nicht zu laufen. Ich schlage den Rat in den Wind, denn die Straßen sind zu toll: Lauter kleine chinesische Reihenhäuschen, es riecht nach exotischen Gewürzen und Räucherstäbchen, altehrwürdige Kolonialhäuser, hochmoderne Wolkenkratzer und eine üppige Vegetation umgeben mich und ich bin glücklich. Ich werde in den Marina Strand Park gehen und dann einen Tee im ehrwürdigen Raffles Hotel trinken. Ich gucke und laufe, aber die Hochhäuser scheinen nicht näherzukommen. Als sie zum Greifen nahe sind, stelle ich fest, dass ich mehrere schmerzende Blasen an den Fußsohlen habe – und dass es außerdem Zeit ist, umzukehren. Ich will den Bus nehmen, kann nicht mehr laufen. Eine Gruppe Einheimischer beratschlagt miteinander, welchen Bus ich nehmen soll. Der Bus kommt. Ich sage dem Fahrer, wo ich hin möchte und er lächelt freundlich. Als er irgendwie abweichend fährt, frage ich nach und stelle fest, dass er kein Englisch kann. Ich steige aus. Und frage mich wieder durch. Es ist ziemlich hoffnungslos. Am besten gehe ich zu Fuß – und das ein bisschen flott. Aua!

Ich sehe mehrere T-Shirts mit der Aufschrift „Singapore – a fine city". Schön doppeldeutig. Die tolle Stadt oder die Stadt der Strafen. Kaugummi auszuspucken oder bei Rot über den Zebrastreifen zu gehen sind Verbrechen, die unnachsichtig verfolgt werden. Aber ein Flyer, den ich irgendwo mitgenommen habe, klärt mich darüber auf, dass Kaugummi kauen keineswegs verboten ist. Und pupsen auch nicht.

Als ich endlich mein Hotel sehe, komme ich zu einem sehr pittoresken Markt. Ich hatte den ganzen Tag ja keine Zeit, zu essen oder zu trinken. Ich trinke erst Zuckerrohrsaft und dann Kokosnusswasser. Den Essstand, der dazugehört, verschmähe ich, obwohl die Speisen lecker aussehen und sehr dekorativ angerichtet sind, aber es handelt sich um Dinge wie Entenköpfe (mit Schnabel), Entenspeiseröhren, -mägen und -herzen und als Kontrastprogramm Schweineohren, -schwänze und -füße.

Ich hole mein Gepäck und fahre zum Flughafen. Die Zuteilung der Personen zu den Flügen dauert, sodass ich nicht wie geplant zum Essen komme. Vielleicht hätte ich doch ein Entenkopfbrötchen nehmen sollen? Der Flug nach Jakarta ist kurz, die Einreiseformalitäten am Flughafen sehr langwierig. Mit meinen kaputten

Füßen leide ich. Endlich ist alles überstanden. Aber Jakarta ist nicht Singapur. Dort war alles so schön organisiert und effizient, jeder wusste Bescheid. Hier herrscht Chaos, kein Mensch kann Englisch. Dass ich meine ursprünglichen Flüge verpasst habe, ist persönliches Pech. Meine Tickets nützen mir nichts. Die Menschen sind hilfsbereit, aber sie verstehen mich nicht. Ich bekomme ein neues Ticket zum Umsteigeflughafen Makassar, aber das muss ich bezahlen. Angesichts fehlender Verständigung bleibt mir auch gar nichts anderes übrig. Der zweite Anschlussflug findet mit einer anderen Fluggesellschaft statt. Deren Terminal ist eine Viertelstunde mit Shuttlebus entfernt. Es dauert ewig, bis ich das herausbekomme. Dort komme ich allerdings überhaupt nicht weiter. Am ersten Schalter war eine rudimentäre Verständigung möglich. Hier geht gar nichts. Ich stehe also mit einem Flug nach Makassar auf der Insel Sulawesi da und es wird Zeit, dass ich das Gate für diesen Flug aufsuche.

8. November 2010

Wir lagen vor Makassar ...

Der Start des Fluges nach Makassar lässt auf sich warten. Erst ist das Flugzeug nicht da, dann ist es kaputt. Ich wundere mich, dass sich mein deutscher Reiseveranstalter immer noch nicht bei mir gemeldet hat. Schließlich hat er meine Handynummer. Trotz der exorbitanten Handygebühren rufe ich zu Hause an und lasse mich trösten.

Um ein Uhr nachts hebt das Flugzeug endlich ab. Ich kann nicht schlafen, mir ist es zu kalt. Um vier Ankunft in Makassar. Auch hier kann kein Mensch Englisch. Ich bin übermüdet und demoralisiert. Lasse mich von einem Taxifahrer in ein Hotel bringen. Er bringt mich in eine ziemlich miese Absteige und behauptet, dass es nichts anderes gäbe. Was macht man übermüdet, demoralisiert und sprachlich abgeschnitten um vier Uhr morgens in so einem Fall? Ich akzeptiere und bereue es sofort. Es ist alles etwas schmierig, das Bettzeug wirkt nicht gerade frisch und der Boden sieht auch so aus, als könne er mal einen Besen vertragen. Es gibt kein Fenster und kein Moskitonetz, dafür aber Schimmelflecken. Und einen Kleinnager, der in aller Seelenruhe irgendwo unter meinem Bett rumknabbert und Köttel macht. Ich mache natürlich kein Auge zu und fliehe, sobald es hell ist.

Wieder zum Flughafen. Dort gibt es jede Menge Schalter. Ich klappere einen nach dem anderen ab auf der Suche nach einem Flug nach Sorong in Papua. „Sorong no have today". Auf diesen knappen Nenner lassen sich meine Kommunikationsversuche in allen mir geläufigen Sprachen plus Händen und Füßen zusammenfassen. Heute geht also garantiert nichts. Und in Deutschland ist es mitten in der Nacht, da kann ich auch nichts erwarten. Ich komme nicht auf meine Insel, davon abgesehen, dass das gebuchte Boot schon weg ist. Extraboote sind unheimlich teuer, und mein Reiseveranstalter stellt sich immer noch tot. Ich bin auf dem Nullpunkt. Und umringt von einem Wölkchen Männern, die mit einem „Madam, want ..." auf mich einreden. Aber höre ich da nicht ein „Madam, do you want ..."? Einer, der richtig Englisch kann? Wir fangen an zu reden. Er sagt, ich soll erst mal ins Café, mir ein Frühstück genehmigen. Er hört sich meinen Kummer an und macht Vorschläge. Warum ich nicht einfach in aller Ruhe einen zum zweiten Boot passenden Flug aussuche und mir bis dahin das Torajaland angucke? Das wäre weit besser, als nachher tagelang in Sorong rumzuhängen und auf mein nächstes Boot zu warten. Mir ist klar, dass der Mann ein Mordsgeschäft wittert. Trotzdem erscheint mir sein Vorschlag außerordentlich attraktiv, auch wenn ich dadurch die erste Woche Tauchen verpasse. Wenn ich weiter auf diesem elenden Flughafen warte, verliere ich vielleicht nur eine halbe Woche, aber meine ganzen Nerven.

Bald steht der Plan: Er wird mich ins Land der Toraja fahren, einem Bergvolk, das einen außergewöhnlichen Todeskult feiert. Zumal morgen dort ein wichtiges Begräbnis stattfindet und Torajabegräbnisse etwas ganz Besonderes sind. Nach dem Torajaland fahren wir nach Senkang, zum Tempeh-See. Dann fliege ich so nach Sorong, dass ich ganz regulär in meine zweite Tauchbasis kann. Er nennt mir seinen Preis. Ich beiße die Zähne zusammen. Aber er verspricht mir, mir sämtliche Probleme abzukaufen. Und was kann mir jetzt Besseres passieren? Jetzt muss ich nur noch mein Plastikkärtchen in den Schlitz stecken und fertig. Aber das Netz will nicht. Schade. Dann müssen wir eben in die Stadt fahren und dort zur Bank gehen. Es ist heiß, laut und stickig. An der Riesenstadt Makassar finde ich nichts schön. Das

Banknetz hier will auch nicht. Und manuell will die Bank nicht. Wir suchen eine Bank, die mir den Betrag an einem Schalter auszahlt. Das gestaltet sich mühsam und zäh. Ich vermute, dass der fragliche Betrag für indonesische Verhältnisse so hoch ist, dass die Bankangestellten organisiertes Verbrechen wittern. Aber Bertus, mein Problemabkäufer, verhandelt zäh und irgendwann haben wir es und fahren los. Ich halte kurz inne. Ich bin allein mit einem unbekannten Mann unterwegs, für den ich nicht nur unermesslich reich, sondern auch unermesslich ahnungslos bin. Es wäre einfach und lukrativ für ihn, mich in ein entlegenes Dorf zu bringen und mich dort ausrauben, vergewaltigen und töten zu lassen. Meine Leiche könnte dann, in kleine Stücke geschnitten, den Tieren zum Fraß vorgeworfen werden. Niemals würde ein Mensch es einfacher haben, mich unauffällig und rückstandsfrei von der Oberfläche des Planeten zu entfernen. Die Situation ist potenziell gefährlich, aber ich habe ein gutes Gefühl. Und was wäre die Alternative? Vielleicht, auch wieder in eine gefährliche Situation zu geraten, bei der ich kein gutes Gefühl habe. Ich verlasse mich auf mein Gefühl und denke nicht mehr nach.

Obwohl nur ungefähr 350 Kilometer entfernt, brauchen wir neun Stunden nach Rantepao, der Hauptstadt der Toraja, weil die Straße so voll und so schlecht ist. Ich bin todmüde, kann aber wegen des ruckartigen Fahrstils nicht schlafen. Wir fahren erst durch das Land der Bugis. Schroffe Karstberge und Reisfelder. Die Bugis sind Fischer und züchten in den Reisfeldern Tilapias. Ihre Häuser bauen sie auf Stelzen. Unten sind Ställe und Werkstätten untergebracht, oben wird gewohnt. An den Giebeln sind Kreuze, die Fischschwänze symbolisieren.

In Pare-Pare machen wir verspätete Mittagspause. Das Restaurant liegt auf einem Berg und die Terrasse ist zum Meer geöffnet. Der Ort sieht wie ein Spielzeugdorf aus und ich beobachte mit Genuss das gemütliche Treiben.

Dann geht es über Schlaglöcher, gesperrte Spuren und Staus weiter. Es wird dunkel und fängt an zu regnen. Mein Handy klingelt. Der Reiseveranstalter! Wir simsen uns ein wenig, aber jegliche Auseinandersetzung kann warten, bis ich wieder in Deutschland bin. Bertus setzt mich in meiner Pension ab und verabschiedet sich für die nächsten paar Tage. Im Dunklen kann ich erkennen, dass ich in einem typischen Torajahaus wohnen werde. Die Front ist mit bunten

Schnitzereien versehen und das Strohdach ist kurvenförmig durchgebogen. Der vordere und der hintere First ragen hoch auf. Innen ist es etwas lieblos, aber zweckmäßig und sauber. Ich schlafe sofort ein.

9. November 2010

Begräbnis als drittklassiger Splatterfilm

Morgens wache ich erschreckt auf. Was, schon so hell? Aber es ist tatsächlich erst sechs Uhr. So habe ich genug Zeit, meine Dinge in Ordnung zu bringen. Als ich noch müde meine Zimmertür öffne, haut mich der Ausblick geradezu um! Schroffe Berge, wabernde Nebel und zwischendrin die Torajahäuser mit ihrem sattelförmigen Dach und den üppigen Verzierungen.

Hier habe ich einen neuen Führer, Daniel, und einen Fahrer, denn jede Touristengruppe, und sei sie noch so klein, bekommt zwingend ihren eigenen Fahrer und Führer. Das ist Vorschrift. So schafft der Tourismus Arbeitsplätze. Mich hatte gestern kurz der Gedanke gestreift, ob es richtig ist, als Touristin auf fremder Leute Begräbnissen aufzukreuzen, aber Bertus hat diese Bedenken zerstreut. Torajabegräbnisse sind sehr aufwendig. Je mehr Leute kommen, desto höher das Ansehen des Toten. Sogar wenn es Touristen sind. Das irdische Leben ist bei den Toraja nur eine Zwischenstation. Für eine gute Startbasis ins nächste Leben darf kein Aufwand zu hoch sein. Die Leichen werden erst begraben, wenn das Geld oder die Kreditwürdigkeit für eine standesgemäße Feier vorhanden ist, was auch mehrere Jahre dauern kann. In der Zwischenzeit wird der Tote nicht als Toter betrachtet, sondern als Kranker, nach dessen wertem Befinden man sich höflichkeitshalber erkundigt. Ich habe irgendwann im Fernsehen eine beeindruckende Dokumentation darüber gesehen. Die Witwe hat über Jahre hinweg die Leiche des Gatten gepflegt, immer wieder mit Kräuterabkochungen und Ähnlichem gewaschen, damit sie langsam und kontrolliert trocknet. Das ist nun anders. Der Tote wird einbalsamiert und eingesargt. In den Sarg kommt alles rein, was der chemischen Industrie lieb und teuer ist, und so hält sich der Leichnam völlig problemlos einige Jahre.

Also gut, auf zum Torajabegräbnis! Mein Guide Daniel erzählt, was uns erwartet und auch dass jede Menge Tiere geopfert werden. Wahrscheinlich wechsle ich die Gesichtsfarbe, denn Daniel fragt mich, ob ich was gegen Tieropfer habe, und guckt sehr verständnislos. In den Fernsehdokumentationen war davon keine Rede. Oder das Thema wurde bis zur Unkenntlichkeit weichgespült. Ich schlucke. Will ich wirklich da hin? Ich unterhalte mich mit anderen Hotelgästen. „Ja, das ist total grausam!", meint eine Holländerin. Aber eben auch einzigartig. Sie findet, dass ich mir das nicht entgehen lassen dürfe, jetzt, wo ich schon mal hier bin. Ich solle mir einen Ruck geben.

Ich gebe mir den Ruck und gehe mit meinen zwei Begleitern los. Unser erster Stopp ist der Viehmarkt von Bone. Hunderte Büffel stehen dicht an dicht, mit imposanten Hörnern, und ganz kurz am Nasenring gehalten. Wäre ich alleine, würde ich keinen Schritt tun, aber Daniel läuft mitten durch die Tiere, als ob nichts wäre. Er sagt, das wäre überhaupt kein Problem, solange die Büffel nicht wütend würden, und das passiere nur relativ selten. Ich quetsche mich also auch zwischen den Büffeln hindurch, allerdings nicht mit der gleichen Selbstverständlichkeit wie Daniel. Die Büffel werden immer wieder mit Wasser besprenkelt und bekommen Futter ins

Maul geschoben. Sie sehen alle prächtig aus. Sie sind auch Arbeitstiere, aber in erster Linie Statussymbol. Man nennt sie auch Mercedes. Ihr Preis ist sehr hoch und gewisse Merkmale wie ein imposantes Gehörn erhöhen ihren Wert. Ein Büffel kostet mindestens 2000 Euro, aber ein guter Albino kann es durchaus auf den Preis eines Mittelklassewagens bringen.

Weiter zu den Schweinen. Die unverkauften Exemplare haben es halbwegs gut, aber dort, wo viel Umsatz gemacht wird, sind die Tiere übel dran. Man bindet ihnen die Vorder- und Hinterfüße jeweils zusammen, schiebt dann eine Bambusstange durch bis an das Kinn, sodass sie den Hals überstrecken müssen, und dann werden sie stramm eingeschnürt, während sie erbärmlich schreien. Anschließend werden sie auf ein Fahrrad oder Motorrad gepackt oder es wird am Rücken noch eine lange Stange durchgeführt, sodass zwei Leute ein baumelndes Schwein tragen können.

Die nächste Station ist das Federvieh. Die Hähne sehen prächtig aus und haben es recht komfortabel. Aber sie werden ihr Leben bald im Kampf verlieren. Doch jetzt werden sie wie ein Schmusetier auf dem Arm getragen und liebevoll gekrault. Wenn zwei Käufer aufeinandertreffen, lassen sie die Hähne testweise aufeinander losgehen.

Nun sind wir bei den Pflanzen. Es wird eine riesige Vielfalt an Obst, Gemüse, Gewürzen und Genussmitteln angeboten. Eine Händlerin bietet Kautabak und Betelnüsse an. Es gibt auch ganz besonderen Kaffee. Ich will eine Frau filmen, die Reis in Bambusrohre stopft. So kann man seinen Reis in einer echt umweltfreundlichen Verpackung mitnehmen und unterwegs essen. Daran können wir uns ein Beispiel nehmen. Die Frau freut sich, dass ich sie auf meinen Chip bannen will, doch sie setzt sich wie eingefroren in Pose und weigert sich, ihr Rohr weiterzufüllen, solange ich die Kamera auf sie richte. Sie möchte eine feierliche Aufnahme von sich und will nicht beim Arbeiten aufgenommen werden.

Dann sind die Fische dran. Sie liegen lebend auf dem Trockenen, klappern panisch mit den Kiemen und werden immer wieder mit ein paar Tropfen Wasser besprenkelt. So kann der Kunde seinen Fisch anfassen und gründlich von allen Seiten begutachten, ehe er ihn kauft.

Schließlich fahren wir zum Begräbnis. Es werden über tausend Leute erwartet, auf der Straße ist kein Durchkommen mehr. Daniel versichert mir, dass ich keine Opferszenen zu sehen bekommen werde. Aber mir reicht es auch so. Wir kommen an Massen von gefesselten Schweinen vorbei, die erbärmlich schreien. Auf dem Hauptplatz stehen Männer im Kreis und singen Toten-gesänge. Daneben ist eine Art Tribüne mit dem Sarg. Darunter sind Papierkränze und Danksagungen drapiert, ein Rednerpodest steht bereit. Drumherum lauter frisch errichtete Hütten mit Nummern. Es werden fünfundzwanzig Gästegruppen erwartet und für jede ist eine Hütte reserviert. In einer Hütte ist tatsächlich ein Abteil ausdrücklich für Touristen reserviert.

Das Büffelopfer, mit dem die Zeremonie beginnt, hat schon stattgefunden. Den Büffel hat man auf dem Hauptplatz ausbluten lassen, weil das Blut als unrein gilt und alle Verfehlungen des Toten auf diese Weise von ihm mitgenommen werden, sodass der Tote der Glaubensvorstellung zufolge rein auf einem reinen Büffel ins Jenseits reiten kann. Der ganze Platz ist rot vom Blut, der Kopf des Tieres liegt da und sein Fell ist in der Mitte ausgebreitet.

Der Redner erzählt Großtaten aus dem Leben des Verblichenen. Es hört sich an wie eine politische Kundgebung und er muss sich sehr anstrengen, um die schreienden Schweine zu übertönen. Die Schweine werden hochgetragen und in das Büffelblut gelegt. Sie reagieren panisch, zappeln und schreien, soweit sie trotz ihrer Einschnürung dazu in der Lage sind, aber außer den Touristen zeigt niemand das geringste Unbehagen.

Die meisten Leute haben sich sehr schön zurechtgemacht. Männer und Frauen tragen bunt bestickte Gewänder, die jungen Frauen haben Schmuck aus aufwendigem, buntem Perlengeflecht angelegt. Es herrscht Volksfeststimmung. Die Familie des Toten trägt schwarze Kleidung und prächtigen Schmuck. In den Händen hält sie bunt geschnitzte Kästchen und dreht, angeführt vom Patriarchen, ihre Runden um den Platz. In den anderen Hütten unterhalten sich die Leute angeregt und freuen sich, sich wieder zu sehen. Eigentlich will ich gehen. Aber soll ich jetzt wirklich zwischen den verreckenden Schweinen umherirren und einen Ausgang suchen? Damit würde ich die Trauerzeremonie wohl stören. Und ich bin Gast. Also tief ausatmen und Fluchtreflexe unterdrücken.

Die Familie des Toten bewirtet auch die Touristen. Wir bekommen Kuchen und Tee. Irgendwann habe ich wirklich genug und will nur noch weg. Da alle am Essen sind, ist das ein guter Zeitpunkt, um zu verschwinden.

Üblicherweise dauert ein Begräbnis hier vier Tage. Heute sind die Schweine dran. Am nächsten Tag werden die etwa fünfzig Büffel geschlachtet. Übermorgen wird der Leichnam an seinen Bestimmungsort gebracht, vorzugsweise eine Höhle. Am Tag danach ist noch mal großes Beisammensein und Verteilung des Fleisches, dann gehen alle nach Hause. Wir gehen und kommen an einer Gruppe Schweine vorbei, die sehr apathisch aussehen. „Siehst du, die müssen gar nicht alle töten, weil viele ganz von selber sterben", sagt mir Daniel mit Blick auf die Schweine. Bestimmt wollte er mich damit trösten. Aber mir ist nur noch anders. Auf dem Rückweg kommen wir an diversen Hütten vorbei, wo die toten Schweine zerlegt werden. Auch der erste Büffel wird in ganz feine Scheiben geschnitten, weil jeder Gast eine bekommen soll.

Es fallen Riesenmengen Fleisch an, die gar nicht auf einmal verzehrt werden können. Deswegen wird alles in dünne Scheiben geschnitten und zum Trocknen ausgelegt. Das Trockenfleisch bekommen die Trauergäste mit und es muss dann bis zum nächsten Begräbnis reichen.

Ja, es gibt jede Menge grässliche Dinge mit Tieren. Auch das appetitliche Steak im Supermarkt hat einen unappetitlichen Weg hinter sich. Nur können wir das in unserem Alltag immer so schön wegdrücken. Hier wird nichts weggedrückt, hier wird ungefiltert gelebt. Es war wirklich extrem interessant. Aber einmal reicht!

Daniel erklärt mir, dass die jungen Leute nicht mehr bereit sind, so einen Aufwand um den Tod zu treiben. Denn selbst das bescheidenste Begräbnis erfordert zwei Büffel. Zwei Mercedesse für einen Toten. Es gibt Konflikte zwischen Alt und Jung. Die Jungen wollen zu Lebzeiten konsumieren, die Alten hängen der Tradition an, dass das Jenseits wichtiger ist als das Leben und dass es sich bitter rächt, wenn man die Traditionen missachtet. Daniel sagt, die Leute kämen vor lauter Sorge, das Begräbnis anständig zu organisieren, oft nicht dazu, überhaupt zu trauern, zumal ein Begräbnis oft mit dem finanziellen Ruin endet. Dabei ist die Gegend hier ein landwirtschaftliches Füllhorn und die Toraja sind sehr fleißig. Es wird hier gut Umsatz generiert, aber das ganze Geld wird für die Totenfeiern verwandt.

Mein Guide bringt mich zum Mittagessen in ein Restaurant über Reisfeldern, obwohl mir der Appetit gründlich vergangen ist. Ein offener

Bambusbau mit dekorativem Geflecht, viel Grün, Schmetterlinge, Stille, eine leichte Brise. Meine Nerven beruhigen sich ein bisschen und ich unterhalte mich mit anderen Touristen und bestelle mir anstandshalber was zu essen. Vegetarisch. Nach dem Essen fahren wir nach Londa zu den Begräbnisbalkonen. Die Toraja stecken ihre Särge nach Möglichkeit in natürliche Höhlen, die es in den Karstbergen reichlich gibt. Für jeden weggeräumten Sarg gibt es eine lebensgroße Figur, die außen auf einen natürlichen Balkon gesetzt wird. In den Höhlen sind die Särge gestapelt. Manche Särge sind mit der Zeit zerfallen und die Knochen und Grabbeigaben liegen frei. Irgendwann werden die herumliegenden Schädel ordentlich auf Felsvorsprünge gestellt. Zwei Schädel stehen nebeneinander, die leeren Augenhöhlen liebevoll mit Blumen geschmückt. Romeo und Julia auf Indonesisch. Dann ist das Besucherprogramm für heute vorbei. Es hat auch gereicht. Heftiger Tag! Faszinierend und abstoßend zugleich.

10. November 2010

Die Gräber der Toraja

Heute geht es weiter mit den Todesriten der Toraja. Zunächst besuchen wir das Örtchen Lemo, wo Grabkammern in den Felsen gehauen worden sind – eine äußerst mühsame Arbeit. Wiederum sind die Balkone zu sehen, auf denen Statuen von Verstorbenen aufgestellt wurden. Wenn Weiß in der Kleidung überwiegt, handelt es sich um Anhänger der animistischen Religion. Tragen die Statuen Schwarz, war der Verstorbene ein Christ. Die Toraja sind offiziell Christen, aber in Wirklichkeit leben sie eine unnachahmliche Mischung aus Christentum und Animismus. Den Überbau bilden Gott, Maria und Jesus. Aber die nächste Ebene ist von örtlichen Geistern mit ihren Vorlieben und Abneigungen besetzt.

Der nächste Friedhof ist ein Baum. Dort sind die Leichen der Kinder bestattet, die noch keine Zähne hatten. Solange Babys zahnlos sind, gelten sie als rein und ohne Sünde. In den Stamm des Baumes wird ein Loch getrieben und der Sarg hineingeschoben. Im Baum wächst das Kind dann dem Himmel entgegen. Ein Kinderbegräbnis ist eine günstige Sache: Es müssen nur vier Schweine geopfert werden. Aber wenn es richtig durchgeführt wird, verhindert es, dass noch mehr Kinder der Familie sterben.

Wieder fahren wir eine Station an, in der Gräber in die Felswand getrieben worden sind. Dieses Bild kenne ich aus zahlreichen Reiseführern. Auf dem Weg dahin begegnen wir riesigen Mengen gelber Schmetterlinge. Darum herum lauter Reisfelder, die mit Schnüren überspannt sind, an denen glitzernde oder krachende Gegenstände befestigt sind. Daran rüttelt man, wenn Vögel sich niederlassen wollen, und schreckt sie so ab. Neben den Felsgräbern stehen Grabhäuser. Das sind richtige, solide Häuser, die manch einer gern zu Lebzeiten hätte.

Mit meinen zwei Begleitern bin ich sehr zufrieden. Sie sind sehr freundlich und umsichtig. Allgemein gefallen mir die Menschen gut. Sie haben eine angenehme Art und sind äußerst gelassen. Jeder hat immer Zeit. Es wird viel gelächelt. Ich habe nicht das Gefühl, dass irgendjemand mich abzocken oder sonst etwas Böses will. Zum Mittagessen wähle ich Schweinefleisch mit Gemüse und Tamarassan, einem typischen Toraja-Gewürz, das ich gestern viel auf dem Markt gesehen habe. Kleine, schwarze Körner, so ähnlich wie Mohn, die reichlich auf das Fleisch gegeben werden. In der

Würzwirkung ist es mild, und auch darin gleicht es unserem Mohn.

Nachmittags besuchen wir Kete Kesu, ein altes Dorf. Es ist wunderschön. An einer langen Allee stehen die Wohnhäuser, auf der Straßenseite gegenüber befinden sich die Reisspeicher. Die Häusergiebel beider Reihen treffen sich fast in der Mitte. Wie alle Stätten hier kostet es Eintritt. Eine Familie ist für das Areal verantwortlich und muss es in Ordnung halten. Von den Eintrittsgeldern (überall einheitlich etwa 80 Eurocent) müssen sie siebzig Prozent Steuern abführen, bekommen aber im Gegenzug keine Unterstützung in irgendeiner Form. Das restliche Geld reicht nicht, um die Anlagen gut in Ordnung zu halten. Es reicht noch nicht mal für ein auskömmliches Leben. Die Unzufriedenheit ist entsprechend groß.

Ein Torajahaus hält ungefähr zweihundert Jahre, das Dach vierzig Jahre. Der Bau besteht aus Holz und wird ganz ohne Nägel hergestellt. Im Erdgeschoss befanden sich früher die Ställe und im Obergeschoss die Wohnräume. Das ist jetzt aus hygienischen Gründen verboten worden. Das Erdgeschoss wird mittlerweile als Wohnzimmer oder Terrasse genutzt. Zu jedem Haus gehört mindestens ein Reissilo, das auch sehr hübsch als

Torajahaus ausgeführt wird. Die Pfeiler bestehen aus Palmholz, weil dieses so glatt ist, dass die Mäuse nicht daran hochklettern können. Was die Dachform der Häuser betrifft, so streiten sich die Experten, ob diese ein Boot oder Büffelhörner symbolisiert. An der Giebelseite des Hauses ist immer die Statue eines Büffelkopfes befestigt. Er soll Segen für das Haus bringen. Direkt unterm Dach sind üblicherweise zwei Kampfhähne eingeschnitzt. Sie stehen für Gerechtigkeit. Bevor es Gerichte gab, wurden Konflikte mittels Hahnenkampf entschieden. Da sich alle Parteien dem Kampfergebnis unterworfen haben, muss das ziemlich gut funktioniert haben. Am Pfeiler, der das Dach stützt, werden die Gehörne der bisher geopferten Büffel befestigt. An den Seiten des Hauses werden die Unterkiefer der geopferten Büffel und Schweine aufgehängt. Das soll die bösen Geister fernhalten.

Auf den sattgrünen Feldern sind die Nutztiere zu sehen. Die Büffel sind alle mit einem Strick am Nasenring an horizontalen Seilen befestigt, sodass sie die ganze Zeit den Kopf überstrecken müssen (furchtbar!). Das macht man, damit der Büffel eine stärkere Nackenmuskulatur bekommt, wodurch er wertvoller wird. Damit er in dieser Stellung verharrt, bekommt er sein Futter ins

Maul geschoben. Büffel, die den Nacken senken dürfen, um selbsttätig zu fressen, sind die Loser. Mit denen ist kein Staat zu machen. Bei den Hähnen das Gleiche: Wer zu schwach oder zu feige ist zum Kämpfen, darf frei herumlaufen. Die Hühner dürften hier zu den glücklichen Tieren gehören. Sie laufen überall frei herum.

Zurück im Hotel unterhalte ich mich mit einem Touristen. Er war heute beim großen Begräbnis und hatte das zweifelhafte Vergnügen, der Opferung der Büffel beizuwohnen. Das musste alles sehr schnell durchgezogen werden, weil auch die Büffel durch den Stress des Vortages nur noch halblebig waren und unbedingt geschlachtet werden mussten, bevor sie von selbst stürben und ihr Fleisch damit unbrauchbar würde. Mein Gesprächspartner fragt mich, ob ich seine Bilder sehen will. Ich will nicht.

11. November 2010

Bergland, Menhire und trockene Soße

Heute sind Lokalwahlen. Schon gestern trafen zahlreiche Mannschaftswagen der Polizei ein. Das Volk ist ziemlich unzufrieden und es ist davon auszugehen, dass es zu Tumulten kommt, egal wie die Wahl ausgeht. Die Ineffizienz und die allgegenwärtige Korruption nerven die Bewohner. Ich solle mich heute Abend nicht aus dem unmittelbaren Umfeld des Hotels entfernen, schärft mir Daniel ein. Wir fahren in die Berge. Zunächst fahren wir wieder in ein Toraja-Dorf. Auf dem Hauptplatz steht ein Zelt, welches das Wahlamt ist. Eine ganze Reihe Amtsmänner mit einem Stapel Papier und einem Mikrofon sitzen dort. Fast alle Dorfbewohner sitzen rund herum. Nun werden die Wahlnummern aufgerufen, die zuvor vergeben worden sind. Die entsprechende Person geht hin und wählt. Wenn man aufgerufen wird und nicht geht oder gehen kann, dann gibt man keine Stimme ab. Die Wahl ist freiwillig, die Beteiligung lässt zu wünschen übrig. Heute ruht das öffentliche Leben, damit die Leute zur Wahl gehen können, und zumindest in den Dörfern laufen alle zusammen.

Wir kommen an wunderschönen, heilen Landschaften vorbei. Auch interessante Konstruktionen gibt es zu sehen: Kirchen, auf deren Dach ein kleines Toraja-Haus steht. Moderne Häuser, die zumindest an der Frontseite einen Toraja-Giebel haben. Und Gräber. In den Reisfeldern stehen zum Teil riesige Steinblöcke von einem früheren Vulkanausbruch. Diese sind ausgehöhlt und als Grabkammern verwendet worden. Auch wenn der Tote schon sehr lange tot ist, teilweise über hundert Jahre, wird er durch Opfergaben bei Laune gehalten und so sieht man auch an zerfallenen Gräbern frische Getränke oder Betelnüsse oder andere gute Dinge. Wenn man seine Toten nicht würdig bestattet und danach nicht weiterhin für ihr Wohlergehen sorgt, werden deren Geister immer Ärger machen. Muss ein anstrengendes Leben sein ...

Wir sind schließlich in Batu Tumonga. Für die zweiundzwanzig Kilometer haben wir zwei Stunden gebraucht. Von Batu Tumonga kann man das ganze Tal bis Rantepao überblicken. Die Berge umschließen das Tal halbkreisförmig. Zum Süden hin ist die Landschaft flach und man kann ewig weit gucken. Reisterrassen bestimmen weitgehend das Bild. Dazwischen immer wieder mal ein grasender oder badender Büffel und eine Ansammlung von Toraja-Häusern. Die Vegetation hat gewechselt. Palmen und Bananen sind weitestgehend verschwunden, dafür haben wir es jetzt mit Kiefern, Kaffee und Teak zu tun. Angeblich wird hier nachhaltige Waldwirtschaft betrieben, und für südostasiatische Verhältnisse wirkt die Natur relativ intakt, obwohl immer wieder mal Schneisen der Verwüstung geschlagen werden. In Batu Tumonga sind Männer dabei, eine Grabkammer in den Granit zu treiben. Einzig mit Hammer und Meißel. Ein Schmid ist auch dabei, der die stumpfen Meißel über Feuer schärft. Sechs Mann brauchen ungefähr ein Jahr für eine Grabkammer, und diese kann man erst in Auftrag geben, wenn jemand gestorben ist.

Die nächste Station ist Bori. Dort ist ein berühmter Opferplatz für Trauerzeremonien. An der Stelle, an der ein Büffel geopfert wurde, wird ein Megalith errichtet. Das Ganze sieht aus wie eine Art Mini-Stonehenge. Drumherum sind Erdgräber verteilt, weil es hier kaum Höhlen gibt, und auch hier ist ein Baum für Babys. Sein Grün überwuchert bereits die Grabkammern. Im Idealfall wächst der Baum wieder so zusammen, dass von außen nichts mehr zu sehen ist. Verwendet werden immer nur Gummibäume, und zwar solche, die entweder weißen oder roten Saft geben, damit es dem Kind nicht an Milch und Blut fehlt.

Allmählich wird es Zeit fürs Mittagessen, aber hier auf der Strecke gibt es nirgendwo etwas zu essen, oder zumindest nichts, was man Touristen andienen möchte. Wir fahren an den Reisfeldern entlang nach Rantepao zurück. Nun liegen die

Berge hinter den Reisterrassen, auch ein sehr schönes Bild. In Rantepao bestelle ich Krabben mit trockener Kokosnusssoße. Darunter kann ich mir nicht wirklich etwas vorstellen, und schließlich bekomme ich einen Teller voller Matsch serviert, der aber göttlich gut schmeckt. Dann bestelle ich mir Papayaschnitze. Es gibt hier geniale frische Fruchtsäfte, aber leider werden die immer nachgezuckert, bis der Zucker im Strohhalm knirscht – auch wenn ich darum bitte, nicht zu süßen. Die Leute sagen ganz freundlich „yes, yes", aber dann ist der Saft doch wieder übersüß. Werde ich nun gezuckerte Papaya bekommen? Zum Glück nicht.

Nach dem Essen fahren wir nach Nanggala. Dort ist ein traditionelles Dorf, und da wohnen Tausende von Flughunden, die schon von Weitem ein sagenhaftes Geschrei veranstalten. Daniel schlägt mit einer Bambusstange gegen die Bäume. Die Flughunde werden noch lauter und fliegen auf. Ich bitte ihn, das zu lassen, aber er ist nicht zu bremsen. Erst als ich ins Auto gehe, hört er auf. Ich habe den Eindruck, Daniel denkt, dass ich in Bezug auf Tiere nicht richtig ticke.

Wir fahren ins Hotel. Kaum dass ich drinnen bin, fängt ein heftiger Sturzregen an. Als sich das Wetter beruhigt, gehe ich essen. Ich will dazu

Tuak, den traditionellen Palmwein trinken. Das erregt im Restaurant einiges Aufsehen. Frauen trinken so was nicht. Außerdem steht er nicht auf der Karte. Schließlich schicken sie jemanden los, der in der nächsten Kneipe welchen holt. Am Ende steht ein Becher mit rosa-milchiger Flüssigkeit vor mir, die nach Kotze riecht und sehr bitter, sehr scharf und sehr stark schmeckt. Gut zu wissen, was man im Leben nicht mehr braucht.

12. November 2010

Der Palmensee

Morgens um acht ist Bertus, mein ursprünglicher Reiseführer, pünktlich zur Stelle und wir quälen uns sechs Stunden lang nach Senkang zum See mit den Hausbooten. Eine furchtbare Fahrt. Hätte ich nicht so ein schlechtes Gedächtnis, würde ich schwören, nie mehr über einen deutschen Stau oder eine deutsche Autobahnbaustelle zu fluchen. Bei den Toraja war alles so schön und lieblich. Die Felder waren ordentlich, die Häuser hübsch. Außerhalb vom Torajaland ist in puncto Ordnung und Sauberkeit ein deutlicher Abfall festzustellen. Es liegt teilweise viel Müll herum und die Häuser sind lieblos gebaut und einfach irgendwo hingestellt.

Zwischendrin machen wir Rast an der Gaststätte bei den erotischen Bergen. Wie diese Berge zu dem Namen kommen, erschließt sich mir nicht. Soweit das Auge reicht, sind tief zerklüftete Berge zu sehen. Die Aussicht ist gigantisch bis auf die Tatsache, dass die Berge weitestgehend kahl sind, die Teakbäume wurden alle abgeholzt. Glücklicherweise sind Ansätze zur Aufforstung zu erkennen. Hoffentlich kommen sie rechtzeitig.

Die Straße nach Senkang wird immer schlechter, für den letzten Kilometer brauchen wir fast eine Viertelstunde. Senkang ist hässlich. Viele lieblos hingestellte Häuser, der ganze Ort wirkt unordentlich und abweisend. Wir halten schließlich vor etwas, das wie eine Autowerkstatt aussieht, sich aber als Restaurant entpuppt. Deckenhoch gefliest, kaltes Neonlicht, deprimierende Aussicht, aber statt einer Hebebühne Tische. Es ist das einzige Restaurant in Senkang. Das Essen ist ordentlich. Zu trinken nehme ich einen Duriansaft. Wollte ich schon immer mal probieren. Die Durian heißt auch Stinkefrucht. Ich bekomme eine milchige Flüssigkeit, die diskret nach Kotze riecht. Sie schmeckt auch im ersten Augenblick diskret nach Kotze, entfaltet aber einen wunderbaren Nachgeschmack. Ich frage mich nur, ob der Preis für diesen Nachgeschmack nicht zu hoch ist. Später habe ich Aufstoßen, wobei sich der Vorgeschmack ausbreitet. Auch hier: Haken dran und fertig.

Zum Hafen nehmen wir ein Motorradtaxi, weil parkende Autos dort regelmäßig geknackt werden. Überhaupt ist die Verbrechensrate hier sehr hoch. Dann besteigen wir ein sehr schmales, motorisiertes Langboot und flitzen über den See. Aus dem Wasser wachsen Palmen. Bertus sagt, sie wachsen drei Meter unter Wasser und kommen dann erst über die Wasseroberfläche. Ich kann es mir kaum vorstellen. Jedenfalls steht der See voller Palmen, dazu Inselchen aus Wasserhyazinthe. Grüne, handtellergroße Blätter lagern sich zusammen und treiben teppichartig auf dem Wasser. Eine erste Hausbootkolonie ist gleich am Anfang, aber die Häuser wirken verkommen. Dann fahren wir weiter. Ich bin von der Landschaft ganz hingerissen. Hier, mittendrin mit einem europäischen Hausboot ankern, das wär's. Diese Riesenmenge an intakter, unverbrauchter Landschaft, der grenzenlose Himmel mit bombastischen Wolkenformationen nimmt mich völlig für sich ein. Doch meine versonnene

Stimmung sieht man mir nicht an. Im Gegenteil: Bertus fragt ängstlich, ob mit mir noch alles in Ordnung wäre.

Die andere Kolonie, die ich sehen soll, existiert nicht mehr. Sie musste aufgelöst werden, weil der See zu viel Wasser führt. Ist mir aber egal, mich interessiert der See und nicht die abgehalfterten Häuser. Eigentlich sollten wir hier übernachten, aber Bertus sagt, er habe das Zimmer noch nicht gebucht. Es gäbe in Senkang nämlich nur ein Hotel, und das wäre so ähnlich wie mein damaliges Zimmer in Makassar. Gut so. Warum soll ich ein schlechtes Hotel in einer hässlichen Stadt nehmen, in der man mich beklauen will?

Also gut, fahren wir nach Makassar! Ich frage, wie lange das dauert. Fünf Stunden. Oh Gott nein! Auf der Karte ist das doch nur ein kleines Stückchen! Der Zeitaufwand für die Streckenbewältigung schockt mich immer wieder.

Wir kommen durch unglaublich schöne Landschaften, in denen ein Religionskrieg tobt. Gemäßigte Moslems gegen Hardliner. In den Städten haben die Hardliner schon das Sagen. Gemäßigte Muslimas tragen den traditionellen Sarong. Das ist ein Wickelrock, der meist mit bunten Mustern bedruckt ist. Er reicht bis zu den

Fesseln und wird in der Taille gerafft und umgeschlagen. Dazu gehört eine Spitzenbluse. Fast alle Frauen tragen einen Haarknoten. Die Strenggläubigen verhüllen sich weitestgehend und tragen Kopftücher aus Kunstfaser mit einer Verstärkung aus Schaumgummi um das Gesicht herum, die wie Scheuklappen wirkt. Die ganz besonders Gläubigen tragen eine Art weiße Burka. Das gibt ihnen das Aussehen von Gespenstern. Kleine Mädchen kommen unter den Schleier, sobald sie laufen können. Die Zahl der Moscheen ist riesig. An jeder Ecke steht eine. Das liegt daran, dass jede Familie dazu angehalten wird, eine Moschee zu bauen. Zur Gebetszeit versuchen sich die Muezzine gegenseitig zu übertönen. Schön klingt das nicht in meinen Ohren.

In Senkang und in Makassar sind die Straßenschilder und teilweise Behördenbeschriftungen zweisprachig: Indonesisch und Arabisch. Es gibt aber reichlich Indonesier, denen die Religion zu weit geht und die ihre althergebrachte Lebensweise verteidigen, wo es nicht immer ernst zugeht und auch mal Spaß sein darf. Dort ist die Zahl der Moscheen eher gering, und Stelzenhäuser aus Holz und Bambus, oft umgeben von großen, Schatten spendenden Bäumen, bestimmen das Bild. Als die Sonne untergeht, wird die Landschaft irreal schön. Die Silhouetten der Palmen und der Holzhäuser, die Reisterrassen, all das sieht so wunderbar aus, dass man die Erde für einen friedlichen Ort halten könnte.

Als die Sonne untergegangen ist und Makassar näher rückt, bin ich nur noch genervt. Bertus' Fahrstil geht mir zunehmend auf den Geist. Wir fahren durch steile Berge. Zum Bergauffahren wählt er einen großen Gang und stottert sich hoch, zum Abfahren nimmt er einen kleinen Gang und dreht den Motor hoch, bis er uns fast um die Ohren fliegt. Ich mache mir Sorgen. Es ist heiß und wir sind schon ziemlich lange unterwegs. Was, wenn die Karre jetzt aufgibt? Ich überlege, ob ich etwas sagen soll. Aber Bertus hat sich bereits sehr eindeutig zu Frauen am Steuer geäußert. Ich schweige also. Das Wunder geschieht: Wir kommen ohne Kratzer, Pannen und Wunden bei der kleinen Pension in der Innenstadt an, die zum Glück in einer ruhigen Nebenstraße liegt. Mein Zimmer ist picobello sauber und es hängen sogar ein paar Bilder an der Wand.

13. November 2010

Ein bisschen Promi sein ...

Heute steht die Besichtigung von Makassar auf dem Programm. Ich bin gespannt, was ich zu sehen bekomme, denn Makassar gefällt mir bisher gar nicht. Die Straßen wirken eng und dreckig, es ist heiß, die Luft steht, es ist laut. Defekte Fahrzeuge, Hupen, Presslufthämmer. Mir ist schon klar, dass ich in einem der besseren Viertel untergebracht bin, denn rund um die Pension gibt es jede Menge Luxushotels.

Gegenüber der Hotelzone ist der Losari Beach. Was sich so idyllisch anhört, ist ein hässlicher Betonkai. Außerdem gibt es überall offene Abwasserkanäle, die der Stadt einen fauligen Geruch verpassen. Wir fahren zum alten Hafen. Dort gibt es eher kleine Schiffe, die von Hand be- und entladen werden. Nächster Punkt ist der Fischmarkt. Ich finde ihn deprimierend. Draußen, in einer Ecke, gammeln ein paar Rochen in der Sonne vor sich hin. Das Angebot an Haifischflossen ist üppig. Genau das, was ich nicht sehen wollte. Und dann ist Ende. Mehr gibt's in Makassar nicht zu sehen.

Wir fahren aus der Stadt raus, zum Naherholungsgebiet. Dort, wo die Karstberge jäh aufragen. Wir fahren eine gute Stunde, obwohl wir die Stadtautobahn benutzen. Auf dieser Autobahn kommt man gut vorwärts, aber sie ist für örtliche Verhältnisse verdammt teuer. Der Parkplatz ist überfüllt. Ein Parkwächter sieht mich und erlaubt Bertus, sich ins Parkverbot zu stellen. Ich soll wohl einen schönen Tag haben. Allgemein fällt mir die Bemühung der Leute auf, ihr Land im besten Licht erscheinen zu lassen. Ein zweiter Parkwächter jedoch jagt Bertus wieder davon. Ich gehe schon mal in den Park und ins Schmetterlingsmuseum, das aber leider aussieht, als habe eine Bombe eingeschlagen. Diverse Vitrinen sind kaputt, die Exponate entfernt, in jeder Ecke liegen Dreckhäufchen. Erfreulicherweise fliegen reichlich Exemplare frei herum (und werden als Souvenir gefangen). Die Vegetation im Park ist toll. Bertus ist müde und wir machen aus, dass ich mich allein herumtreibe und er auf mich wartet. Hauptattraktion des Parks ist der Wasserfall. Unterhalb des Wasserfalls werden riesige Reifen vermietet, mit denen junge Leute sich in die Fluten stürzen. In Kleidung. Badezeug gibt es hier nicht.

Ich laufe alle Wege auf der Suche nach Schmetterlingen entlang. Dabei werde ich immer wieder von Leuten angesprochen. Sie wollen mich knipsen oder sich mit mir zusammen fotografieren lassen. Ich mache mit, aber dadurch brauche ich für ein achthundert Meter langes Wegstück zwei Stunden. So also muss es sich anfühlen, wenn man ein Promi ist. Viele Leute wollen alles Mögliche von mir wissen, und mit Händen und Füßen kommt eine Form von Kommunikation zustande. Am Ende des Weges liegt eine Tropfsteinhöhle, die ich mir angucke. Man kann am Eingang Lampen mieten und ich habe Begleiter, mit denen ich mich nicht sprachlich verständigen kann, die mir aber mit umso größerer Begeisterung alles erklären wollen. Es ist furchtbar glitschig drinnen, aber ich schaffe es, nicht hinzufallen. Ein kleines Wunder. Wir fahren wieder nach Makassar zurück und gehen in ein Fischrestaurant. Dort tritt man an die Eiskisten, sucht nach einem passenden Fisch wie im Laden, begutachtet ihn von allen Seiten, legt ihn möglicherweise wieder zurück. Zubereitet wird jeder Fisch mit einer Menge Gewürze. Es gibt Reis dazu. Gegessen wird mit den Händen. Deshalb gibt es in jedem Restaurant mindestens ein Waschbecken.

Nach dem Essen ist das Programm beendet. Ich möchte noch von Bertus wissen, wo das nächste Internetcafé ist, dann geht er. Bertus'

Angaben sind allerdings ziemlich dehnbar. Der Weg zum Internetcafé zieht sich. Vorbei an Elendsgestalten, die auf dem Boden liegen und Hunderttausenden von Fahrradrikschas, die mich mitnehmen wollen. Da ich aber gar nicht weiß, wohin ich will, kann ich auch keine nehmen. Schließlich finde ich das Café, aber das Internet geht gerade nicht. Doch daneben ist ein Café im Toraja-Stil. Das ist nicht nur sehr schön, sondern man sitzt mit fantastischem Blick übers Meer. Ich laufe wieder in die Pension und merke, dass ich mich übernommen habe. Eigentlich habe ich seit zehn Stunden Dauersauna. Ich schütte schnell zwei Kokosnüsse in mich rein, aber der Kopfschmerz ist schneller. Ich fühle mich zerschlagen, was auch an der Klimaanlage liegt, ohne die es hier aber auch nicht geht.

14. November 2010

Der wilde Osten

Morgens um halb sieben holt Bertus mich ab und fährt mich zum Flughafen. Ich bin froh, dass er da ist, weil das Einchecken hier anders als üblich ist und ich auf mich gestellt alle Chancen gehabt hätte, mein Flugzeug zu verpassen.

Schließlich ist alles erledigt. Bertus hat einen super Job gemacht und mir eine endlose Latte an Problemen erspart. Ihm konnte man wirklich vertrauen. Er arbeitet für die Agentur Sulawesi Indah in Makassar. Kann ich nur empfehlen.

Eine Bekannte, die sich gut auskennt, hat mir erzählt, dass die Türdichtungen ziemlich gut Aufschluss über den Zustand eines Flugzeugs geben. Angesichts der Dichtungen meines Fliegers ist Beten angebracht. Doch alles geht glatt. Endlich komme ich, mit einer Woche Verspätung, in Sorong, West-Papua an. Ausgesprochen wird das Papúa, nicht Pápua. Die Einheimischen hier sehen aus wie australische Aborigines und sollen böse Menschen sein, hat mir ein Toraja erzählt. Es wimmelt nur so von Dienstleistern und sie nehmen erkleckliche Sümmchen. Das kann ich verstehen, aber wenn es so weitergeht, reicht mein Bargeld nicht.

Alle Europäer werden abgeholt. Nur ich nicht. Dabei wollte mein deutscher Veranstalter unbedingt wissen, mit welchem Flugzeug ich komme. Wozu, wenn ich mich doch selber um alles kümmern muss? Glücklicherweise treffe ich paar unternehmungslustige Taucherinnen, die auch in mein Hotel gehen wollen, und an die ich mich anhängen kann. Später wollen wir uns zum

Abendessen treffen. Mit Liz, Sarina und Diana gehe ich ins Hotelrestaurant. Wir sind uns auf Anhieb sympathisch. Die Drei gehen am nächsten Tag auf ein Schiff und ich würde schrecklich gern mitkommen. Stattdessen muss ich mich erst um meinen Transport zum Hafen kümmern. Endlich weiß ich nach langem Hin und Her, dass ich morgen früh um acht abgeholt werde.

15. November 2010

Endlich das Paradies!

Beim Frühstück treffe ich die Frauen von gestern wieder und die Zeit verfliegt wie nichts. Ich werde abgeholt und wir fahren zum Hafen. Sorong ist, zumindest zwischen Flug- und Seehafen, eine deprimierende Stadt. Staubige Straßen voller Schlaglöcher, Baulücken, auf denen sich Müll ansammelt, ungepflegte Häuser.

Im Schnellboot zu meiner Insel sitzen Spanier und Franzosen und eine Deutsche, Susanne. Prima! Wir schießen übers Wasser, und nach einer guten Stunde erreichen wir das Resort auf der Insel Birie, Papua Paradise. Der Name ist schlicht und ergreifend passend gewählt. Kleine, bewachsene Inselchen, soweit das Auge blickt. Weißer Sand und warmes Wasser. Über Stege erreicht man Palmenhütten in einer Kulisse, die für Rum, Eiscreme und weiße Pralinen gleichzeitig werben könnte. Die Menschen sind supernett und sehr kompetent. Das Wetter lässt allerdings zu wünschen übrig. Im Moment gießt es wie verrückt. Ich hoffe bloß, dass es sich nicht richtig einregnet. Zur Strandseite hin liegen zehn Bungalows, der Speisesaal wurde auf Stelzen aufgestellt. Dahinter führt ein Weg durch einen kleinen Urwald, hinter dessen Grenzen sich ein Sumpf verbirgt. Dort wohnen Frösche, die die Moskitos fressen, aber es werden wohl genug für mich übrig bleiben ... Die Abwässer aus Bad und Waschbecken fließen geradewegs ins Meer, weshalb wir ein Stück Naturseife in die Hand gedrückt bekommen. Der Toiletteninhalt geht in eine Kompostieranlage. Warmes Wasser gibt es nur, wenn die Sonne scheint. Alles ist aus Bambus und Palmblatt gebaut und geschmackvoll dekoriert. Wir kriegen ein sehr ausführliches Briefing darüber, wie wir uns umweltgerecht verhalten können und darüber, was es beim Tauchen zu beachten gibt. Verschiedene Dinge sind mir vom Veranstalter nicht mitgeteilt worden, außerdem hat er meine mit Sorgfalt erstellten Unterlagen mit meinen Taucherfahrungen und den gewünschten Leihgeräten nicht ans Resort gemailt. Der Manager wird etwas bleich, als er erfährt, dass ich schon über zehn Jahre nicht mehr getaucht bin. Jetzt sind wir schon zwei Angsthasen. Er und ich. Ich bin ziemlich nervös. Wird es nach der langen Zeit noch klappen, zumal das Tauchrevier recht anspruchsvoll ist? Mich beschleicht der Verdacht, dass mein Reiseveranstalter die Unterlagen nicht gemailt hat, weil mich das Resort sonst möglicherweise abgelehnt hätte und er dann mit leeren Händen vor mir gestanden hätte.

Wir machen uns zum Tauchen fertig. Jetzt wird auch der Tauchführer aufgrund seines Neuzugangs nervös. Wir kippen hinterrücks ins Wasser, und sobald ich drinnen bin, ist alles genauso wie immer. Es ist, als hätte ich keine Pause gemacht. Es ist toll und bunt und tropisch, aber ich bin viel zu aufgeregt, um alle Einzelheiten wahrzunehmen. Ich bin erleichtert, dass das Tauchen so gut geklappt hat, und melde mich gleich für morgen für einen Ganztagsausflug, der auch über Wasser ein Hochgenuss sein muss.

Um das Restaurant herum schwimmt ein Riffhai. Der Resorteigner wirft Küchenabfälle ins

Wasser. Alle Fische stürzen sich gierig darauf, nur der Hai zieht ohne davon zu fressen weiter seine Runden. Bald darauf schwimmen fünf Haie herum. Es dauert lange, bis einer sich endlich zum Fressen aufrafft.

Es wird Abend. Frösche quaken. Außerdem weht eine leichte Brise, sodass das Wetter sehr gut zu ertragen ist. Und hier, an diesem entlegenen Ort, gibt es tatsächlich Internet. Auch die Mitreisenden sind sehr nett. Herz, was willst du mehr?

16. November 2010

Über- und unterirdisch überirdisch schön

Ich habe mich für einen Ganztagsausflug gemeldet. Um halb acht geht es los. Gut geschlafen habe ich nicht, weil ich viel zu aufgeregt bin. Das Wetter ist bedeckt, fette Regenwolken hängen am Himmel. Schade. Wir brettern mit dem Schnellboot eine knappe Stunde durch die Gegend, dann sind wir beim Manta Point. Da kommen die Mantas hin, um sich von Putzerfischen putzen zu lassen. Manchmal. Wenn nicht zu viele Menschen da sind. Nun aber ankern schon zwei Boote dort. Ein schlechtes Zeichen. Unser Tauchführer springt ins Wasser, um die Lage zu peilen. In dem Augenblick taucht der Tauchführer einer anderen Gruppe auf und schimpft ganz fürchterlich. Gerade war ein Manta im Anmarsch, und wir hätten ihn mit unserem Boot verjagt. Tja, kein Manta. Also weiter im Programm.

Wir fahren zu einem Mangrovenwald. Auch überirdisch ist die Landschaft überirdisch schön. Lauter steile, schroffe Kalkberge mit Bewuchs, die als Inseln aus dem Wasser ragen. Hier müssen wir schnorcheln, denn das Wasser ist nur einen halben Meter tief, und somit würden wir mit Taucherausrüstung höher sein als der Wasserstand. Wir dürfen uns frei bewegen, sollen aber nicht zu tief in die Mangroven dringen. Dort hat nämlich neulich jemand ein Krokodil getroffen – glücklicherweise ohne Folgen.

Im Wasser unter uns ist Einiges los. Jede Menge Fische, harte und weiche Korallen plus jede Menge Zeug, das mir sicherlich entgeht. Leider sind die Lichtverhältnisse schlecht. Wenn der Sonnenschein fehlt, verliert das Riff sehr viel Reiz. Als Nächstes ist die Passage zur Insel Waigeo dran. Die Passage ist sehr schmal und flussähnlich, ist aber dennoch Teil des Meeres, und zwar mit einer ziemlich starken Strömung. Mir wird mulmig. Im Wasser enge Schluchten, über und über mit Korallen bewachsen. Kein Millimeter ist frei. Das ist genau die Unterwasserwelt, von der jeder träumt. Überbordende Üppigkeit ohne Fehl und Tadel. Nur dass die Strömung mich vor sich hertreibt und ich Angst habe, Korallen kaputtzumachen. Wie schaffe ich es, ohne auszuschlagen in der Mitte des Strömungskanals zu bleiben? Hilfe! Der Tauchführer bemerkt meine Probleme, fängt mich ein und hält mich fest. Das ist ja schön und gut, aber wenn man zu zweit durch diesen Kanal düst, hat man nur noch halb soviel Platz. Mir würde der Schweiß in Strömen über die Stirn rennen, wenn es trocken wäre. Horror! Auf die grandiosen Schönheiten kann ich mich nicht konzentrieren, bis auf den Punkt, an dem der Tauchführer mich zu einer Stelle zerrt und so massiv darauf deutet, dass ich ihn sehen muss: Ein sandfarbener, auf dem Sand lebender Teppichhai, der aussieht, als würde er ausfransen. Eine echte Rarität. Die australischen Ureinwohner gaben ihm den hübschen Namen „Wobbegong". Wir befinden uns an dem Punkt, an dem die asiatische und die australische Unterwasserwelt aufeinandertreffen. Raja Ampat ist ein Hotspot der Biodiversität.

Trotz all der Schönheit bin ich froh, als der Tauchgang vorbei ist, und fühle mich ziemlich erschöpft. Wir gehen an Land, aber ich habe ein Problem: Ich habe keine Schuhe mitgenommen. Im Resort laufen nämlich alle barfuß. Nur haben die anderen Taucher im Gegensatz zu mir alle Schuhe an ihren Tauchanzügen, sogenannte Füßlinge, und mit denen kann man auch an Land laufen. Wir besuchen nämlich eine Tropfsteinhöhle, in der Fledermäuse wohnen. Die Höhle ist mit einer dicken Schicht lockerer, erdig riechender Masse bedeckt - kein Humus, sondern Fledermausscheiße. Ich verzichte auf den Besuch der Höhle.

Als sie wiederkommt, leiht mir eine Mitreisende netterweise ihre Schuhe, und so kann ich allein mit dem Führer losziehen. In der Höhle wohnen Abertausende Fledermäuse. Die Alten flattern aufgeregt, als wir kommen. Sie wohnen hinten in der Höhle. Vorne, an einem Vorsprung, sind die Kindergartenkinder. Sie lassen sich durch uns nicht stören und wir können ganz nah herangehen. Sie haben Mausgröße. Die Eltern hingegen müsste man wegen ihrer Größe eigentlich eher als Flederratten bezeichnen. Links an der Wand hängen die Babys. Sie sind etwa so groß wie eine Motte und so gut geschützt untergebracht, dass wir gar nicht in die Nähe kommen können.

Später suchen wir noch einen Tauchplatz auf. Auch nahezu überfüllt mit allem, was tropische Gewässer zu bieten haben. Korallen in allen Formen und Farben, anmutige Wedel, die in der Strömung flattern, Papageienfische, die mit ihren schnabelartigen Zähnen die Steinkorallen abknabbern, Muränen, die sich in Höhlen verstecken. Aber ein bisschen mehr Platz und etwas weniger Strömung haben wir hier. Ich bin mittlerweile verspannt und mir tut alles weh. Daher bin ich nicht unglücklich, als es zu Ende ist. Jetzt müssen wir nur noch nach Hause fahren, etwa anderthalb Stunden lang. Die See ist ziemlich rau, deswegen schlägt das Boot hart auf. Die Schlaglöcher auf dem Weg ins Torajaland waren ein Dreck dagegen. Ich spüre jeden einzelnen Knochen meiner Wirbelsäule.

Als wir wieder da sind, gibt es bald Abendessen. Das schaffe ich noch irgendwie. Beim Essen kriegen wir mit, wie ein Angestellter einen Tobsuchtsanfall bekommt. Der Mann ist betrunken aus der Stadt wiedergekommen. Doch für die Angestellten herrscht absolutes Alkoholverbot. Das mag sich brutal anhören, aber Papuas vertragen allgemein keinen Alkohol.

Wenn sie anfangen, können sie nicht mehr aufhören und die Geschichte endet regelmäßig mit einem Desaster. Nachdem dieser Angestellte sich nicht stoppen kann, bekommt er die Kündigung. Das führt dazu, dass er nun noch stärker tobt. Ich bin froh, dass ich nicht in seiner unmittelbaren Nähe bin. Es ist acht Uhr und ich will vor lauter Müdigkeit nur noch ins Bett. Schon als ich mich verabschiede, hört sich das etwas unartikuliert an. Ich wanke in meine Hütte und hadere mit dem Schicksal, dass ich noch meine Kontaktlinsen entfernen muss. Dann falle ich ins Bett und bin weg.

17. November 2010

Mantas!

Heute mache ich keinen Ausflug, sondern ich tauche in der Nähe des Resorts. Wir fahren wieder zum Manta-Point, aber es stehen abermals zwei Boote da, also fahren wir gleich weiter. Wir tauchen an einer Steilwand entlang. Die Strömung ist mäßig. Irgendwas stimmt mit meiner Ausrüstung nicht und mir gelingt es nicht, meine Höhe zu halten. Wenn ich mich nicht mordsmäßig anstrenge, treibe ich immer nach oben. Der Tauchführer bindet mich mit einer Schnur fest und führt mich wie einen Luftballon spazieren. Hier ist wenigstens etwas Platz und ich sehe einen riesigen Zackenbarsch und einen Oktopus. Die anderen sind auf der verzweifelten (und vergeblichen) Suche nach einem Wobbegong. Die Sicht ist eher schlecht. Nicht nur wegen der fehlenden Sonne, sondern auch weil sehr viel Plankton im Wasser ist. Plankton lockt andererseits die Mantas an, deswegen werden wir nachher noch mal gucken. Mir ist es peinlich, beim Tauchlehrer an der Leine zu hängen und ich versuche die ganze Zeit, mich auszutarieren. Doch dabei verausgabe ich mich nur, mir geht die Luft viel zu schnell aus.

Als Nächstes steht ein Landgang in einem Dorf auf dem Programm. Heute habe ich brav Schuhe dabei, aber es ist eine Barfußinsel. Ein alter Mann und jede Menge Kinder kommen an die Anlegestelle, sonst sind keine Erwachsenen zu sehen. Wir werden unverwandt angeglotzt, die ganz Kleinen fangen an zu weinen. Eine Frau aus unserer Gruppe überlegt, ob sie den Kindern Kekse geben soll. Ein paar andere und ich raten ihr davon ab. So erzieht man die Kinder zum Betteln, außerdem sollte man dort, wo es keinen

Zahnarzt in Reichweite gibt, keinen Süßkram verteilen. Sie stimmt uns zu - und verteilt die Kekse trotzdem. Ein Mann mit Kippe im Mund und Baby im Tragetuch kommt hinzu. Es scheint, als würden hier die alten Männer die kleinen Kinder hüten. Das Dorf ist klein. Wir fahren weiter. Ich fummle an meiner Tarierung rum und hoffe, dass ich meinen Bleigürtel nun richtig eingestellt habe, der dafür sorgt, dass Taucher überhaupt absinken. Denn wenn man Mantas beobachten will, muss man sich still verhalten.

Bei den Mantas ist schon wieder ein Schiff. Mit Schnorchlern. Weiter im Hintergrund sieht man die Rückenflosse eines Mantas. Die Schnorchler paddeln aufgeregt hin und vertreiben damit den Fisch. Bei Mantas muss man sich ruhig verhalten. Sie sind neugierig und kommen von selber, wenn man keinen Aufstand macht. Nachdem nun ein Manta da ist, meint unser Tauchführer, wir sollten warten, bis die Schnorchler gegangen sind. Leider lassen sie sich verdammt viel Zeit, aber endlich sind alle weg. Wir tauchen ab und legen uns auf die Lauer. Meine Tarierung passt jetzt und ich habe kein Problem, meine Position zu halten. Und dann kommt er! Es ist einfach überwältigend. So ein schönes Tier! Ganz sanft fliegt er eine riesige

Runde und kommt immer wieder zu uns zurück. Dann taucht ein zweiter Manta auf. Beide umkreisen uns sanft. So riesig und doch so umsichtig. Kein Wunder, dass sie die „Engel des Meeres" genannt werden. Ich bin so aufgeregt und ergriffen, dass ich mit meiner Kamera nicht anständig umgehen kann und ein erbärmliches Resultat einfahre. Aber die Glückshormone schießen wie verrückt durch meinen Körper. Der Stress, die Kosten, der Ärger, der mir nach meiner Rückkehr noch bevorsteht, alles ist mir egal! Ich habe das gesehen, was ich um jeden Preis sehen wollte. Wir kommen am frühen Nachmittag zurück. Jetzt habe ich richtig Zeit, mein Bildmaterial zu sortieren und wieder was zu schreiben.

Das Paradies hält aber einen Wermutstropfen für mich bereit: Die Moskitos stürzen sich im Blutrausch auf mich. Sie haben gelernt, dass sich unter einer Schicht Autan ein besonders leckerer Braten versteckt. Egal, wie wach oder müde ich bin: Nach dem Abendessen muss ich wohl oder übel ins Bett, um unter dem Moskitonetz geschützt zu sein. Interessanterweise jammere ich als einzige. Die anderen sind froh, dass es so wenig Moskitos gibt.

18. November 2010

Windkanal unter Wasser

Das Tauchen bleibt einfach anstrengend. Ich habe mir eine Stange gekauft, sozusagen einen Unterwasser-Wanderstab. Trotz abgerundeter Spitze ist er nicht ganz ohne, aber man kann ihn irgendwo reinbohren und dann wenigstens auf der Stelle bleiben, wenn man schon nirgends hin greifen kann. Man kann sich auch abstoßen und verhindern, dass man gezwungen ist, an die falsche Stelle zu greifen. Selbst so passiv wirkende Gewächse wie Korallen und Seesterne können sich sehr schmerzhaft wehren. Die Strömungen zerren an mir und als der Tauchführer mir die Hand reicht, nehme ich sie gerne. Teilweise ist mir das ein bisschen peinlich, aber so zerstöre ich keine Korallen und hüte mich selbst vor Schäden.

Es gibt so viele Fische, dass man sich wie in einer Sardinenbüchse vorkommt. Müßig, aufzuzählen, was es alles gibt. Mir gehen diese wunderbaren Mantas nach, die Erfüllung meines großen Wunschtraumes, sodass ich mich der jetzigen Unterwasserwelt nicht mit dem notwendigen Interesse widme.

Zwischen zwei Tauchgängen machen wir Rast auf einer von Einheimischen bewohnten Insel.

Und während man für die Touristen konsequent aus heimischen Materialien nach ortsüblichen Techniken baut, bevorzugen die richtigen Bewohner die pragmatische, hässliche Lösung: Sie dichten ihre Palmenhütten mit Plastikfolie ab. Das ist keine dumme Idee, denn so richtig dicht sind Palmenhütten nicht zu bekommen. Es sieht aber nicht schön aus.

Die Dorfbewohner sind gerade dabei, Kokosöl zu gewinnen. Sie raspeln das Kokosfleisch und rösten es. Dann wird es stundenlang in riesigen Töpfen gekocht. Wir versuchen, uns noch ein wenig mit Händen und Füßen zu verständigen und gehen wieder. Es schließt sich wieder ein schöner, aber anstrengender Gang in die Unterwasserwelt an, ehe wir uns auf den Heimweg machen.

19. November 2010

Korallengärten

Heute tauchen wir wieder in einer Strömung, die sich gewaschen hat. Ich fange an zu hadern. Bei starker Strömung und wenig Platz zu tauchen, das ist, als ob man den ganzen Tag millimetergenau zwischen Luxusautos rangieren müsste – bei hohem Tempo.

Es gibt hier eine Pracht und eine Üppigkeit sondergleichen zu sehen, keine Form und keine Farbe, die hier nicht vorhanden ist, aber ich kann sie nicht genießen, weil die Strömung mich unbarmherzig weiterzerrt. Ich kriege Panik, weil ich meine, völlig woanders hingetrieben zu werden. Mal wieder tritt der Tauchführer in Aktion und fängt mich ein. Eine sehr erfahrene Taucherin ist plötzlich weg. Dann hört die Strömung auf und wir lustwandeln durch herrliche Korallengärten. Als wir ans Boot kommen, ist die erfahrene Taucherin schon dort. Sie musste abbrechen, weil ihr die Strömung zu heftig war. Dass auch alten Hasen so etwas passiert, beruhigt mich andererseits. Vielleicht bin ich doch nicht so schlecht, wie ich denke.

Wir machen Pause auf einer unbewohnten Insel. Susanne arbeitet in Deutschland in einer Firma, die Kokosöl verarbeitet. Sie kennt sich sehr gut mit Indonesien aus und erzählt Dinge, die wir lieber nicht wissen wollen. Wie wertvollster Urwald abgebrannt wird, um Platz für Ölpalmen-Plantagen zu gewinnen. Wie Orang-Utans heimatlos werden und ein qualvolles Leben vor sich haben, wenn sie nicht ohnehin gleich sterben. Und wie korrupt die Behörden sind. Für ein paar Dollars gibt es Zertifikate für alles. Der bewusste Verbraucher freut sich, weil er glaubt, ein nachhaltiges Produkt zu kaufen - füllt aber in Wirklichkeit die Taschen derer, die den Urwald vernichten. Westliche Konzerne sind kaum noch dabei, das Image ist zu negativ. Es sind überwiegend reiche Indonesier, die ihr Land verkaufen – und die ganz Armen, die sich den Luxus nicht erlauben können, über Nachhaltigkeit nachzudenken. Ich bin froh, dass im Resort darauf geachtet wird.

Wir machen unseren zweiten Tauchgang, bei dem die Strömung nicht mehr ganz so stark ist. Danach fahren wir nach Hause. Zum Mittagessen gibt es fast immer Huhn und Fisch von den örtlichen Fischern, Reis und Gemüsegerichte. Unter anderem wird die Bananenblüte als Gemüse gegessen. Sie sieht wie khakifarben-gräulicher Matsch aus, schmeckt aber gut. Der Geschmack erinnert an Artischocke. Das Essen ist immer lecker. Zu trinken gibt es Tee und Wasser und einen Kühlschrank voll käuflichem Zeug, das elenden Müll produziert, deshalb verzichte ich darauf. Das Wasser kommt in großen Kanistern, sodass es hier keine Plastikflaschen gibt, und das ist gut so.

Das Resort besteht aus zehn Hütten, was bedeutet: Es sind maximal zwanzig Gäste gleichzeitig anwesend. Die Zahl der Angestellten für das Glück der Urlauber ist doppelt so hoch: Zwei europäische Ehepaare, davon eines mit zwei kleinen Kindern, leiten das Resort. Es macht Spaß, dieser glücklichen Familie zuzugucken. Die Kinder haben Mama und Papa den ganzen Tag um sich herum und wachsen in einer heilen und geschützten Umwelt auf. Dann gibt es drei Tauchführer und drei Bootsfahrer, einige Mechaniker, einen Schreiner, der bei der Anfälligkeit der Palmenhütten gut ausgelastet sein dürfte, Küchenhilfen und Zimmermädchen. Die Angestellten sind allesamt sehr freundlich und liebenswert. Hier gibt es keine Schlüssel, noch nicht mal richtig schließende Türen. Das ist auch nicht nötig, auch wenn es manchmal zu peinlichen Situationen kommt. Ich begleite Susanne in der Dämmerung zu ihrer Hütte und sie will, dass ich auf ihre Terrasse mitkomme. Sie habe sogar extra aufgeräumt. Sie geht rein und wundert sich etwas über die relative Unordnung. Ich nehme schon mal auf der Terrasse Platz. Da geht Susanne auf, dass sie gar nicht in ihrer Hütte ist.

Noch Peinlicheres ist Christa widerfahren. Sie kam vom Tauchen und musste ganz dringend auf die Toilette, doch in ihrer Dusche stand ein nackter Mann. Als er endlich fertig war, hat sie ihn darauf hingewiesen, dass er sich im falschen Bungalow aufhält. Er hatte blitzartig seine Badehose wieder an und verschwand, Entschuldigungen ausstoßend. Christa war einigermaßen fassungslos, dass er seine Brille direkt neben ihrer ganzen frauenspezifischen Kosmetika abgelegt und nichts gemerkt hat. Doch das ist schon das Schlimmste, was hier passiert.

Die Papua sind ein sozusagen auf dem Boden lebendes Volk. Das habe ich schon in Sorong im Internetcafé gemerkt. Die Computer stehen auf niedrigen Tischchen, vor die man sich auf den Boden setzen muss. Damit die Touristen nicht so leiden müssen, gibt es für diese einen Tisch in der Höhe, wie man es von daheim gewöhnt ist. Auch der Blick in die Hotelküche wirkt auf uns Touristen lustig: Die Küchenhilfen sitzen am Boden, schälen die Auberginen, schnippeln Bohnen, zerkleinern Fleisch, schuppen Fische. Alles, was sich am Boden sitzend erledigen lässt, wird auch dort gemacht.

Nachmittags schnorchle ich direkt am Hausstrand. Es ist wirklich nicht schlecht, was es hier alles zu sehen gibt: Rochen, kleine Haie, Clownfische (Nemo), Fledermaus-fische, die mit ihren breiten und flachen Körpern ein wenig wie fliegende Pfannkuchen aussehen. Füsiliere, die im Schwarm so präzise schwimmen, als wären sie in der Militärakademie ausgebildet worden, Papageienfische und noch viele andere mehr, darunter so seltene Gestalten wie einen Krokodilfisch, der tatsächlich wie ein Krokodil mit Flossen aussieht und einen Epaulettenhai, der im Wasser quasi auf seinen Flossen geht. Nach dem Essen gehe ich ins Bett. Die Moskitos machen es mir leicht. Dort kann ich aber immerhin in aller Ruhe meine Abendlektüre genießen.

20. November 2010

Zuverlässige Unzuverlässigkeit

An diesem Morgen beschweren sich einige Gäste über die Strömung und wir bekommen erklärt, dass man leider aufgrund der Unzahl von Inseln keine Strömungen berechnen bzw. regelmäßige Gezeiten ausmachen könne. Das Einzige, was hier zuverlässig ist, sind Verwirbelungen an ungeahnten Stellen. Eine strömungsfreie Stelle gibt es nicht, aber die Tauchführer bemühen sich, eine strömungsschwache Stelle zu finden. Blitzartig tauchen wir ab, ehe die Strömung kommt, sind aber dennoch zu spät. Die Strömung kommt mit aller Wucht und treibt uns an das Riff. Sie zieht und zerrt an uns und unseren Geräten. Sie versucht ständig, mir die Taucherbrille auszuziehen, die mir permanent voller Wasser läuft. Wir arbeiten uns nach oben und fliegen übers Riffdach. Man muss mit der Strömung mitgehen, alles andere ist zwecklos. Einerseits macht das Spaß, andererseits kommt man sich völlig hilflos vor.

Nach dem Tauchgang kommt wegen der Strömung Unmut auf, deswegen suchen wir einen garantiert strömungsfreien Platz auf. Dort gibt es aber kaum Fische. Ich finde es trotzdem wunderschön. Endlich im selbst gewählten Abstand zu den Tauchkumpanen und dem Riff zu schweben! Der Tauchführer sucht nach Pygmäen-Seepferdchen, findet aber keine. Ist ja auch schwierig. Sie sind nur so groß wie die Made einer Mehlmotte und allgemein mit nacktem Auge nicht zu erkennen. Erfahrene Taucher haben deshalb ihre Lupe dabei.

Heute werde ich einen Nachttauchgang machen. Dann ist Schluss. Morgen darf ich nicht tauchen, weil ich übermorgen fliege. So schreiben es die Sicherheitsbestimmungen vor.

Der Nachttauchgang ist ein sogenanntes Mud diving. Man hält sich im sandigen Gelände auf und stochert mit der Stange im Grund, in der Hoffnung, etwas Interessantes zu finden. Wir fahren zu einem Dorf. Sofort kommen alle Leute auf dem Anlegesteg zusammengelaufen und gucken uns zu. Das Wasser ist sehr trüb, sodass das Licht der Lampen nicht sehr weit reicht. Außerdem müssen wir uns sehr sorgfältig bewegen, um nichts aufzuwirbeln. Ich empfinde das als ziemlich anstrengend und die Wühlerei bringt vor allem Müll zutage. Ein paar Kleinigkeiten gibt's: einen wunderschönen Einsiedlerkrebs, Clownfische und eine riesige Nacktschnecke, eine sogenannte Spanische Tänzerin. Das passt. Sie ist knallrot und hat weiße Volants und ist in etwa so groß wie eine ausgewachsene Aubergine. Sie steht senkrecht mit anmutig flatternden Volants im Wasser und rettet den Tauchgang. Ansonsten ist Mud diving abgehakt.

21. November 2010

Wasserreinfall

Weil ich nicht tauchen darf, schließe ich mich einem Ausflug zum Wasserfall an, den ich ein bisschen teuer finde, aber einfach rumhängen will ich auch nicht. Wir düsen mit dem Boot übers Wasser, dann fahren wir in einen Mangrovenwald. Der Wasserweg ist sehr, sehr eng. Der Bootsführer muss Blut und Wasser schwitzen, aber ich finde die Fahrt durch die Mangroven-Wasserstraßen traumhaft schön. Wir ankern. Dann müssen wir durch die Mangroven laufen. Das ist verdammt schwierig, man rutscht immer wieder aus. Später wird das Gelände besser begehbar, der Boden fester. Wir erreichen die untere Stufe des Wasserfalls. Weiter geht es, zur oberen Stufe. Ich rutsche gleich am Anfang auf dem nassen Boden aus und einer der Begleiter bezweifelt, dass ich den Weg schaffe. Er gibt meinen heimlichen Zweifeln einen öffentlichen Ausdruck. Ich beschließe also, unten zu bleiben und einer der einheimischen Begleiter bleibt bei mir. Ich gucke mir die Blumen, Schmetterlinge und Pilze an und nehme ein wahrhaft erfrischendes Bad im Wasserfall. Dort residieren ein paar Fischlein, die mich in die Flucht treiben wollen, und ein paar

Süßwasserkrebse verstecken sich erschreckt. Ich gucke noch ein wenig herum, dann fange ich an, mich zu langweilen. Ich hadere. Hätte ich mitgehen sollen? Vielleicht steht die Gruppe auf einem Gipfel und hat einen Traumblick über die Inselchen? Dann kommen die anderen wieder. Völlig abgekämpft und verdreckt. Jeder ist zumindest einmal gestürzt. Der Weg war durchgehend eine Zumutung, die zweite Stufe des Wasserfalls ist imposanter, aber es bleibt ein Wasserfall. Sie meinen alle, ich hätte gut daran getan, unten zu bleiben. Eine schöne Aussicht gab es nirgendwo.

Wieder die traumhafte Fahrt durch die Mangroven, dann sind wir zurück beim Resort. Ich nehme erst mal ein ordentliches Meerbad, um wieder sauber zu werden.

Nachmittags fange ich an, meinen Koffer zu packen. Dann setze ich mich auf die Terrasse und genieße das paradiesische, friedliche Ambiente, in dem Himmel und Erde, Land und Wasser, innen und außen miteinander zu verschmelzen scheinen, obwohl sich unter der Wasseroberfläche Dramen abspielen. Ganze Schwärme von Fischen springen aus dem Wasser, um ihren Jägern zu entgehen. Die Sonnenuntergänge sind schön, aber heute ist es noch schöner als sonst, außerdem gibt es spektakuläre Wolkenformationen. Beim Abendessen musizieren die Angestellten. Sie spielen Gitarre und Kontrabass und singen ihre sehr melodiösen Volkslieder. Das tun sie ohnehin jeden Abend vor ihren Unterkünften und heute eben vor den Gästen. Da sieht man mal, welche Kunst sich entfaltet, wenn kein Fernseher in der Nähe ist. Dass die Papua böse Menschen wären, ist für mich nicht im Mindesten erkennbar. Allerdings stößt die Lebensweise der Papua bei der Regierung auf Missfallen und sie versucht, die Papua allgemein zu diskreditieren. Die Insel Papua-Neuguinea birgt große Schätze verschiedenster Art: Tropenholz, Gold, Erdöl, Bodenschätze. Um diesen Reichtum bergen zu können, muss man die Papua verjagen, bzw. sie von ihrer traditionellen Lebensweise abhalten, die große Territorien erfordert. Auf dieser Insel spielt sich, von der Weltöffentlichkeit weitgehend unbeachtet, ein Gemetzel ab. Es werden Volksstämme, Sprachen, Tiere und Pflanzen in großen Mengen vernichtet. Im Resort immerhin wird angelehnt an die Art der Einheimischen gewohnt und gewirtschaftet.

22. November 2010

Und wieder Stress in Makassar

Morgens halb sechs muss ich fertig sein. Um sieben legt das Schiff ab, weil Teile der Gruppe schon sehr früh abfliegen. Mein Flug hingegen geht erst gegen Mittag.

In Sorong erfahre ich von Romy, dem Verwalter des Resorts auf dem Festland, dass mein Flug nach Makassar drei Stunden später als vorgesehen geht. Da ich aber von dort mit einer anderen Fluggesellschaft nach Denpasar auf Bali weiterfliege und vorher mein Gepäck holen und neu einchecken muss, wird das zu knapp. Ich entdecke einen früheren Flug nach Makassar, aber mit einer anderen Fluggesellschaft. Romy kümmert sich darum, dass ich eher fliegen kann und läuft mit mir drei Mal um den ganzen Flughafen in diverse Büros. Der Soronger Flughafen ist ein Raum, in dem ständig Leute rein und raus gehen oder von dort auf das Rollfeld rennen. Ich muss einen netten Aufpreis zahlen. Egal! Ich will heute unbedingt nach Bali.

Mein früheres Flugzeug fliegt für mich zwei, aber laut Flugplan sechsundzwanzig Stunden verspätet ab. Eine ziemlich saure Gruppe Taucher wartet nämlich schon seit gestern auf das Flugzeug, das einfach nicht gekommen ist.

Die Dichtungen sind unter aller Kanone. Bald wird es eisig kalt in der Maschine. Die Passagiere klagen, aber die Stewardess sagt, wärmer geht es nicht. Die Heizung ist wohl kaputt – oder sie kommt nicht gegen die lückenhaften Dichtungen an. Trotzdem komme ich heil in Makassar an.

Im Flughafen von Makassar herrscht ein unwahrscheinliches Chaos. Viele Leute wuseln durcheinander. Es ist nicht erkennbar, dass die Menschenströme sich in eine definierte Richtung bewegen. Ein Flugzeug voller Mekkapilger ist gerade eben gelandet. Die Männer im langen Gewand und den karierten Tüchern sehen wie Araber aus. Manche Frauen tragen schwarze Burkas, aber die meisten von ihnen sind zwar sehr bedeckt, dies aber sehr hübsch. Viel Gold, Pailletten, Spitzen und glitzernde Stoffe, hohe Hacken, attraktiv geschminkt. Auch die alten Frauen, die sogar ganz besonders. Ich staune. Und finde meinen Koffer nicht. Als die Sache mir unheimlich vorkommt, suche ich Hilfe. Es dauert eine ganze Weile, bis jemand gefunden ist, der Englisch spricht. Dann stellt sich heraus, dass man vergessen hat, meinen Koffer auszuladen und der nun auf dem Weg nach Jakarta ist. Und mit ihm meine Tauchausrüstung. Und mein Badeanzug. Und meine Zahnbürste. Und meine Malariatabletten. Und das Ladegerät für meine Kamera. Und das für meinen Computer. Meine Freude ist grenzenlos! Immerhin macht die Dame einen recht kompetenten Eindruck und verspricht mir, dass mir der Koffer in mein Hotel in Bali gebracht würde.

Bis dahin gibt es eben kein Schwimmen und meine Klamotten muss ich halt abends auswaschen. Und schön sorgfältig filmen, schreiben und telefonieren, solange die Ladegeräte nicht da sind. Meine Stimmung ist finster. Vielleicht spuckt der Vulkan wieder, dann kommt mein Koffer gar nicht. Dann muss ich mit meinen dünnen Sommerfetzchen nach Deutschland fliegen und mich am Flughafen neu einkleiden. Seit ich im Schlamm getaucht habe, dreht sich meine Stimmungskurve wieder nach unten. Ich lande heil, aber kofferlos in Bali. Am Ausgang hält ein Mann ein Schild mit meinem Namen in die Höhe. Schön, dass das wenigstens klappt. Er sagt, dass wir noch drei Stunden Fahrt vor uns haben. Ich rolle mit den Augen, obwohl ich doch inzwischen wissen müsste, dass Reisen auf dem Landweg in Asien immer lange dauert. Vielleicht will das Schicksal mir immer wieder Gelegenheit geben,

Gelassenheit zu üben, die ich aber leichtfertig ausschlage. Endlich sind wir da. In der Dunkelheit kann ich kaum etwas erkennen. Schlecht gelaunt dusche ich und wasche meine Klamotten.

23. November 2010

Betörende Landschaften

Nachdem ich momentan weder schwimmen noch tauchen kann, versuche ich, am Morgen einen Tagesausflug zu buchen. Ich weiß, das ist knapp. In der Zwischenzeit frühstücke ich mit Regula, die in meinem Alter sein dürfte und meine Tauchvorlieben teilt. Dann erfahre ich, dass der Ausflug klappt. Mein Führer heißt Bawa und spricht akzeptables Englisch. Es passiert lange Zeit nichts, wir quälen uns durch den Verkehr. Das dauert, denn ich bin im abgelegenen Nordosten, wo die Tauchgründe sind. Die Straßen werden gesäumt von barock anmutender Pracht. Es gibt viele Tempel und tempelartige Häuser, denn wer es sich leisten kann, staffiert sein Haus entsprechend aus. Es verfügt dann zumindest über ein gespaltenes Tor. Das sind zwei symmetrische, reich verzierte Stelen mit einer breiten Basis, die sich nach oben hin verjüngt. Die Außenseite ist vielgestaltig ausgearbeitet, während beide Innenseiten ganz glatt sind – als hätte ein Laserstrahl eine Pyramide zerteilt. Diese beiden Hälften werden rechts und links des Eingangs positioniert. Die meisten Leute hier sind Hindus und andere Religionen gibt es fast nicht. Das ist eine Ausnahme in Indonesien, wo der Islam die vorherrschende Religion ist. Aus der Kolonialzeit sind noch größere christliche Gemeinden übrig geblieben. Offiziell herrscht Religionsfreiheit, inoffiziell stehen nichtislamische Religionen stark unter Druck.

Wir erreichen den Affenwald von Ubud, wo Makaken sich mit Bananen füttern lassen. Ich füttere die Affen nicht, denn die werden ziemlich unangenehm, wenn einem die Bananen ausgehen. Wenn kein Nachschub mehr kommt, klettern sie an den vermeintlichen Bananeninhabern hoch und knurren. Mich beachten sie zum Glück nicht.

Dann gehe ich auf den Kunsthandwerkmarkt. In Ubud versammelt sich wohl die künstlerische Energie Indonesiens. Am besten gefallen mir die naiven Bilder, kann aber leider keins kaufen – es sei denn, mein Koffer taucht nicht auf. Dann kann ich für zwanzig Kilo Bilder kaufen. Die Händler sind ziemlich aufdringlich. Kaum dass man naht, stürzen sie aus ihren Ständen heraus und halten einem ständig neue Objekte unter die Nase. Von Desinteresse oder Ablehnung lassen sie sich nicht im Mindesten beeindrucken. Ich kaufe ein paar Kleinigkeiten. Außerdem suche ich einen Badeanzug. Aber die haben hier Seltenheitswert und in meiner Größe gibt es sie schon gar nicht. Es ist wahnsinnig heiß. Ich mag ja die Hitze, aber jetzt stehe ich kurz vorm Kollaps. Ich hasse normalerweise Klimaanlagen, doch jetzt in ein gekühltes Auto zu steigen, hat schon was.

Das nächste Ziel ist der Batur-See, dem Krater des Vulkans Batur. Dort ist das Lakeview-Restaurant. Das hört sich sehr touristisch an. Es bietet eine traumhafte Aussicht auf den Batur-See, die Preise bewegen sich im Rahmen, das Büffet bietet einen Querschnitt durch die indonesische Küche: Currys, Fischgerichte mit Kokosmilch, Huhn mit scharfer Erdnusssoße, Garnelen mit Zitronengras. Wir fahren weiter und kommen an vielen Zeremonien vorbei, denn jetzt ist eine gute Zeit zum Heiraten. Im Hinduismus hat jeder seinen Hausaltar, dem er jeden Tag Opfer bringen muss. Auch hier ist Sterben eine teure Angelegenheit. Der Verstorbene wird zunächst beerdigt. Wenn aber das Geld für die sehr aufwendige Einäscherung beisammen ist, wird er wieder ausgegraben und verbrannt. Wenn die Dinge gut laufen, muss man Zeremonien feiern, um die Götter bei Laune zu halten. Wenn die Dinge schlecht laufen, erst recht, denn dann muss man sich die Götter gewogen machen. Die Religion greift sehr tief in den Alltag ein. Man stelle sich ein voll entfaltetes Weihnachten mit Adventszeit und allem Drum und Dran vor. Man packe Ostern mit bunten Eiern und allem, was sonst noch dazugehört, obendrauf. Und praktiziere das Ganze mindestens einmal pro Quartal. Überspringen gilt nicht, denn dann werden die Götter böse(r).

Ich sehe auch hier viele Kampfhähne. Eigentlich ist Hahnenkampf verboten, außer zu religiösen Zwecken. Aber der Hinduismus erfordert zu meiner Überraschung Hahnenkämpfe. Bawa erklärt, dass die Hahnenkämpfe insgeheim auch im religionsfreien Kontext zur Unterhaltung stattfinden. Wir fahren weiter zu einer Bio-Plantage für örtliche Produkte. Dort wachsen die üblichen tropischen Gewächse, dazu Kaffee. In einem Käfig hängen gelangweilt katzenartige Tiere herum. Das sind Luwaks. Die Luwaks fressen mit Vorliebe reife Kaffeebeeren. Die Bohne scheiden sie wieder aus. Diese wird aus der Hinterlassenschaft gepult, gereinigt und geröstet. Der Aufenthalt im Verdauungssystem des Luwak verleiht den Bohnen herausragende Eigenschaften. Der Kaffee soll sirupartig sein, mit Noten von Karamell und Schokolade. Ich genehmige mir ein sündhaft teures Tässchen Luwak-Kaffee. Er ist sirupartig. Aber einzigartig? Das ist eher eine geniale Vermarktung, denn der Luwak-Kaffee war früher für die ganz Armen. Sie konnten sich keine Kaffeebohnen leisten und mussten sich mit den Bohnen aus dem Luwakpopo zufriedengeben, bis jemand auf die Idee kam, aus Scheiße Gold zu machen. Das ist gar nicht gut für die armen Luwaks, die nun ihr Leben in Käfigen fristen müssen und nur mit Kaffeebeeren gefüttert werden, was aber zu einer Mangelernährung führt, an der sie schließlich sterben. Vielleicht sind die Luwaks hier gar nicht gelangweilt, sondern krank.

Wir fahren zum Gunung Kawi Tempel. Um ihn betreten zu können, muss ich mir einen Sarong kaufen. Das schadet nichts, dann habe ich immerhin Kleidung zum Wechseln. Der Tempel ist in den Fels hineingehauen. Ich muss erst mal gut hundert Treppenstufen hinuntersteigen. Die Tempelanlage ist imposant, aber erstaunlich ungepflegt. Es sieht unaufgeräumt aus und ist nicht sonderlich sauber. Viele Blumen, die den

Göttern geopfert wurden, sind schon verwelkt. Ich gehe die Treppenstufen wieder hoch. Auf dem Weg nach oben verkauft ein Mann Kokosnüsse. Zu einem unverschämten Preis. Er macht trotzdem gute Geschäfte.

Bawa ist ein guter Autofahrer. Bei ihm fühle ich mich gut aufgehoben. Irgendwann wird mir klar, woran das liegt: Er hupt nicht. Er hat den ganzen Tag kein einziges Mal gehupt. Als ich ihn darauf anspreche, versichert er mir, dass er im Notfall durchaus hupen würde. Aber nur wenn es wirklich nötig ist. Er meint, er hupe nicht, weil die Europäer das nicht schätzen. Ich staune, dass Fahren ohne Hupe möglich ist. Aber in der Tat wird auf Bali wesentlich weniger gehupt als woanders.

Kurz vor acht sind wir wieder im Hotel. Im Gegensatz zu meinem Koffer. Gabi, die Managerin, hat sich zwar gekümmert, aber mein Koffer ist spurlos verschwunden. Resigniert dusche ich, wasche meine Klamotten und wickle mich in den Sarong. Ich gehe ins Restaurant mit tollem Blick aufs Meer. Ein riesiger Vollmond leuchtet wie eine freischwebende Laterne. Ein sehr schöner und interessanter Tag, trotz der Koffergeschichte.

24. November 2010

Gemütliches Tauchen

Mein Hotel liegt sehr idyllisch zwischen dem mit über dreitausend Metern höchstem Berg Balis, dem Mount Agung, und dem Meer. Der Strand ist unattraktiv, was dem Mount Agung zu verdanken ist, der seine Asche und Lavabrocken zum letzten Mal 1960 in der Gegend verteilt hat, sodass der Strand nun aus Lavabrocken unterschiedlichster Größe besteht. Andererseits beginnt direkt nach dem Strand das Tauchgebiet. Man legt im Hotel die Ausrüstung an und marschiert einfach ins Meer. Das habe ich sonst noch nirgendwo erlebt.

Das Wasser ist einunddreißig Grad warm. Das ist zu viel und leider hat die Korallenbleiche schon begonnen. Ab dreißig Grad sterben die Korallen ab, das Kalkskelett bleibt zurück. Noch ist die Mehrheit der Korallen nicht betroffen, aber die Schäden sind deutlich zu sehen. Diverse Fische lassen sich hier gar nicht mehr blicken, weil es ihnen zu warm ist. Andere kommen trotzdem, wie die Buckelwale, die durch die sogenannte Straße von Lombok ziehen. Man kann sie sogar von der Hotelterrasse ihre Fontänen in die Luft blasen sehen. Manchmal springen auch Delfine herum. Die Hotelpächter Marco und Gaby und manche Gäste sind rührend. Wer kann, steuert etwas zu einer Tauchausrüstung für mich bei und es kommt tatsächlich alles zusammen, was ich brauche. Ich erlebe einen richtig schönen, gemütlichen Tauchgang. Ich bespreche mit Marco, dem Tauchführer, das Programm für die nächsten Tage, als Gaby mit einer guten und einer schlechten Nachricht kommt: Mein Koffer ist soeben gelandet, aber die Fluggesellschaft weigert sich, ihn ins Hotel bringen zu lassen. Ich muss also einen Boten mit der Abholung beauftragen. Die ungeplanten Ausgaben haben noch bei keiner meiner Reisen ein derartiges Loch ins Budget gerissen.

Den Nachmittag verbringe ich lesend am Pool, denn zum Glück hatte ich genug Lesestoff im Handgepäck. Es wird spät und später. Der Bote mit meinem Koffer sollte schon längst da sein. Liegt ein Fluch auf meinem Gepäck? Dann, als der Glaube mich fast verlässt, kommt mein Koffer doch noch. Was für eine Freude!

25. November 2010

Urlaub, wie er sein soll

Das Leben ist ganz anders, wenn man über frische Kleidung, die passende Hautcreme, Medizin gegen Wehwehchen, Kontaktlinsen, Ladegeräte und die eigene Tauchausrüstung verfügt. Nach einem ausgiebigen Frühstück steht der Korallengarten auf meinem Programm. Wir laufen etwa zehn Minuten am Strand entlang. Ich habe endlich auch meine Wasserschuhe, mit denen das geht. Ich hatte mir das so vorgestellt, dass ich ins Meer reinlaufe und meine Flossen anziehe, sobald es tief genug ist und dann meine Schuhe an Land werfe, um sie von einem der Helfer fangen zu lassen. Das hingegen erweist sich als größeres Problem. Mit Schuhen nach jemandem werfen ist hier Ausdruck maximaler Abfälligkeit und meine Tauchführerin hat gut damit zu tun, die Helfer zu beschwichtigen, dass das nicht böse gemeint ist. Endlich bin ich fürs Tauchen fertig. Ich bin nicht gut austariert, deswegen habe ich etwas Probleme und verbrauche zu viel Luft. Wir sehen als Highlights Harlekinkrabben, ein paar wunderschöne, bänderförmige Gelege von Wasserschnecken sowie die Schnecken selber und einen Geister-

Fetzenfisch, der ähnlich wie Streifen eines ausgefransten Papiertaschentuchs durch das Wasser schwebt. Als wir fertig sind, lasse ich mir meine Schuhe ins Wasser werfen und gehe raus. Danach bin ich müde und muss erst mal schlafen.

Nachmittags treffe ich Regula. Sie hat zwei Wasserschildkröten gesehen. Die eine hat sich von den Tauchern nicht stören lassen, sodass diese bei ihr blieben, bis ihnen die Luft ausging. Danach plaudern wir noch ein bisschen mit Marco. Ein Angestellter kommt und sagt, dass er die nächsten Tage auf ein Fest muss. Er wird freigestellt und ermahnt, keinen Alkohol zu trinken. Auch hier ist es so, dass die Leute nicht aufhören können, wenn sie mal angefangen haben. Hat Palmwein ein derartig hohes Suchtpotenzial? Hier wird auch ganz konsequent gegen angetrunkene Mitarbeiter vorgegangen. Marco ist froh, dass dieser Angestellte sich abgemeldet hat. Oft ist es so, dass die Leute einfach nicht kommen, wenn sie etwas vorhaben. Deshalb muss das Hotel doppelt so viel Personal vorhalten, wie es eigentlich bräuchte.

26. November 2010

Großes Wrack und kleine Seepferdchen

Morgens um halb sieben fahren wir zum Tauchen los. Wir wollen zum Wrack der U.S. Liberty, wie Hunderte von anderen Tauchern auch. Im Gegensatz zu denen haben wir aber nur eine fünfminütige Fahrt und somit die Chance, als Erste zu kommen und das Wrack für uns alleine zu haben.

Auf den Straßen ist schon allerhand los. Die Schule beginnt um sieben, der Markt ist seit fünf in Betrieb, und so stehen wir ein wenig im Stau. Der Parkplatz am Wrack ist ziemlich groß. Es muss alptraumartig sein, wenn er voll ist. Wir machen uns fertig. Arme Gestalten verdingen sich als Träger für unsere Ausrüstung. Eine kleine, drahtige Frau, höchstens eine halbe Portion von mir, packt sich erst eine Luftflasche auf den Kopf, dann geht sie in die Knie, packt sich noch eine zweite Flasche drauf, richtet sich auf, als ob nichts wäre, und läuft barfuß über die grässlichen Lavasteine ans Ufer. Ich bin verblüfft. Männer arbeiten auch als Träger, aber sie nehmen nur eine Flasche und transportieren niemals Lasten auf dem Kopf. Angeblich sind Männer- und Frauennacken unterschiedlich ausgebildet, und deshalb können Frauen die Dinge a) auf dem Kopf und b) wesentlich schwerere Lasten tragen als Männer. Man sieht auch manchmal auf den Straßen Frauen ganz grazil und elegant mit einem riesigen Reissack auf dem Kopf durch die Gegend laufen. Schwere körperliche Arbeiten sind Frauensache. Auch auf dem Bau plagen sich die Frauen mit Mörtel und Steinen, während Männer die Schreinerarbeiten machen.

Wir tauchen ab. Das Schiff liegt schon seit dem Zweiten Weltkrieg im Wasser, sodass es mittlerweile stark bewachsen ist. Ein bisschen mulmig ist mir: Wenn wir nun in eine dunkle Kammer gelangen und dort stößt uns etwas zu? Aber es gibt keine dunklen Kammern, denn das Verdeck ist vollständig weg. Die Räume sind alle offen. Es macht Spaß, zwischen den verschiedenen Abteilen zu tauchen. Das Spiel von Licht und Schatten ist wunderschön. Hier wohnen auch zwei Barrakudas, von denen sich jedoch nur einer zeigt. Oft ist auch ein Hai da, aber heute sehen wir ihn nicht. Ein richtig schöner Tauchgang!

Um die Mittagszeit tauchen wir noch mal. Diesmal suchen wir Pygmäen-Seepferdchen und die Chancen stehen sehr gut, weil der Tauchführer eine Gorgonienkoralle kennt, in der zwei ihren festen Wohnsitz haben. Wir fahren dazu mit dem Fischerboot raus. Die hiesigen Fischerboote sind weiß und haben zwei Ausleger aus Bambus, die mit gekrümmten Stegen am Boot befestigt sind. Von Weitem sehen sie aus wie riesenhafte Insekten, die übers Meer laufen. Die Boote haben ein Segel und einen Rasenmähermotor, der ein winziges Propellerchen antreibt. Ich wundere mich, wie gut sie damit vorwärtskommen. Wir springen ins Wasser und Marco dreht fluchtartig ab. Ein Drückerfisch hat ihn böse angeguckt. Drückerfische sind normalerweise friedlich, außer sie haben ein Gelege, so wie wahrscheinlich dieser hier. Sie können dann ganz fies durch den Tauchanzug hindurch beißen und der Taucher muss sich die Wunden nähen lassen. Zum Glück belässt es dieser Kerl beim bösen Blick. Bald findet Marco die Gorgonie. Und da sind die Mini-Seepferdchen tatsächlich! Sogar drei Stück, und verdammt gut getarnt. Sie sehen aus wie ein Stückchen Korallenstängel, nur dass sie sich bewegen. Mit bloßem Auge kann man keine näheren Details erkennen. Wenn man eine hochwertige Kamera hat, fotografiert man sie und schaut sie sich später in der Vergrößerung an. Der restliche Tauchgang ist richtig schön und gemütlich. Lediglich mein Wiedereinstieg ins Boot aus dem Meer heraus ist ein unwürdiges Gezappel, weil ich nicht wirklich sportlich bin.

Den Nachmittag verbringe ich lesend und plaudernd. Abends hören wir ein großes Spektakel aus dem zwei Kilometer entfernten Dorf. Es hört sich an wie ein sehr emotionales Fußballspiel. Es ist aber ein Hahnenkampf.

27. November 2010

Tempel und Reisterrassen

Zum letzten Mal Frühstück mit Regula, die heute abreist. Um acht Uhr breche ich, wieder mit Bawa, zu meinem nächsten Ausflug auf, weil ich wieder wegen meines bevorstehenden Fluges nicht tauchen darf. Die Druckänderungen beim Tauchen und beim Fliegen können zu erheblichen Gesundheitsgefahren führen, wenn sie zu dicht aufeinanderfolgen. Zunächst besuchen wir das Wasserschloss von Tirta Gangga. Es befindet sich im Besitz des entmachteten Balineser Adels. Früher hat der König dort gelebt. Es schmiegt sich in die hohen Berge, nach vorne ist das Areal zum Meer hin offen. Auf mehreren Ebenen sind Wasserbecken und Springbrunnen angelegt, die von sehr fein ausgearbeiteten Statuen umgeben sind. Zum Teil wird die Schlossanlage heute von der einheimischen Bevölkerung als Badeanstalt genutzt. Es gibt im Eingangsbereich ein paar repräsentative Becken, aber weiter hinten, wo sie nicht mehr so schön sind, gehen die Einheimischen baden.

Wir kommen an Reisfeldern vorbei. Sie befinden sich in einer Senke, die bis zum Grund terrassiert ist. So ähnlich, als würde man in eine Schüssel reingucken. Bawa hält, damit ich ein Foto mache. Aber ich will nicht. Es ist bei mir zu einer gewissen Reisfeld-Sättigung gekommen. Bawa ist beleidigt. Das finde ich übertrieben. Schließlich verlangen wir von keinem Asiaten, dass er beim Anblick eines Weizenfeldes in Verzückung gerät. Aber vielleicht geraten die Asiaten in Verzückung und zeigen es nur nicht? Ich will nicht, dass Bawa sauer ist, und mache anstandshalber ein Bild. Das mache ich fortan artig jedes Mal, wenn er mich mit „Take picture, Ma'am" zum Fotografieren auffordert.

Wir fahren weiter zum Besakih-Tempel. Der Besakih- oder Muttertempel ist der wichtigste hinduistische Tempel in Bali oder möglicherweise gar in ganz Indonesien. Er liegt an der Flanke des Berges Agung, weil er so dem Himmel etwas näher ist. Ich finde ihn umwerfend schön. Dem balinesischen Hinduismus fehlt das Schrille und Plakative des indischen Hinduismus. Hier kommen überwiegend zwei Farben zum Einsatz: Grau und ziegelfarben, manchmal noch ocker. Die Figuren und Verzierungen sind symmetrisch und teilweise sehr filigran ausgearbeitet. Um einen Tempel betreten zu können, muss man einen Sarong tragen. Das gilt für Frauen wie für Männer, denn der Sarong steht für Ausgewogenheit, für einen ausgeglichenen Geist. Deshalb sind auch so viele Statuen mit Stofftüchern bedeckt: Sie tragen einen Sarong (der nach längerer Tragedauer im Freien etwas mitgenommen wirkt). Wenn es doch bloß so einfach wäre: Tuch umschlingen, seelisches Gleichgewicht finden, fertig!

Auswärtige Führer dürfen den Besakih-Tempel nicht betreten. Man muss sich einen örtlichen Führer nehmen. Diese sind zum Teil ziemlich aufdringlich, obwohl es schon viel besser ist, als noch vor ein paar Jahren. Damals hat die Tourismusindustrie den Besakih-Tempel deswegen boykottiert. Jetzt geht es einigermaßen, wobei es mir natürlich eine große Hilfe ist, dass Bawa mir vorher die richtigen Preise verraten hat und auch, dass ich keine Schärpe zu meinem Sarong tragen muss. Das müssen nur Leute, die beten wollen, aber die fliegenden Händler behaupten, dass die Touristen sie auch brauchen. Ich nehme mir also einen örtlichen Führer, der mich erst mal auf sein Motorrad bittet, weil es noch ein ganzes Stück bis zum Eingang ist. Ich erfahre einiges über die wichtigsten drei Götter im Hinduismus: Brahma, den Schöpfer, Vishnu, den Bewahrer und Shiva, den Zerstörer. Ebenso über das Kastenwesen: Ganz oben stehen die Brahmanen oder Priester, also die Besitzer der absoluten Wahrheit. Dann kommt die Kaste der Krieger, danach die Kaufleute und am Ende jene, die ihr Geld durch körperliche Arbeit verdienen, allen voran die Bauern. Sie alle haben voneinander getrennte Ahnentempel. Hinzu kommt die Ahnentempelpflege zu Hause. Drei Mal täglich, morgens, mittags und abends, muss man den Ahnen ein Opfer bringen, sonst passiert was Schlimmes. Geopfert wird ein kleines Schälchen aus Palmblatt mit Blumen oder einer Kleinigkeit zu essen.

Dann ist das Mittagessen bei einem empfehlenswerten Touristenrestaurant mit Blick auf Reisterrassen angesagt. Ich reagiere auf diese Ansage ziemlich gleichgültig. Immer dieser Reis ... bis ich das Lokal betrete. Eigentlich hätte ich gedacht, dass Reisfelder mich nicht mehr erschüttern können, aber der Anblick ist so toll, dass ich auf der Stelle Landschaftsmalerin werden möchte. Wieder eine bis auf den Grund terrassierte Senke. Das Restaurant ist wie eine Loge knapp unterhalb des Senkenrandes gebaut. Wie auf einer Bühne präsentieren sich die knallgrünen und dicht bewachsenen Terrassen, deren verblüffende Regelmäßig-keit hier und da von einer Palme unterbrochen wird. Kleine Bambushäuschen sitzen wie Sprengsel mittendrin. Über dem Ganzen liegt großer Frieden. Zumindest vom Restaurant aus. Ich würde einfach nur stundenlang mit meiner Staffelei vor dieser Aussicht sitzen und alle Einzelheiten aufnehmen, wenn ich denn vernünftig malen könnte.

Anschließend besuchen wir eine Gold- und Silberschmiede. Ein Mann bearbeitet Silberplatten mit einem Gasbrenner. Dann geht er damit an eine altmodische Walze und walzt damit das Material dünner. Daraus entstehen dann jede Menge wunderbare Produkte.

Der nächste Programmpunkt ist die Weberei. In einem dunklen Raum sitzen viele junge Mädchen an vorsintflutlichen Webstühlen und weben traditionelle Stoffe. Das geht sehr langsam. Weiter hinten spinnen Frauen und verwenden ausrangierte Fahrradräder als Spinnräder. Wie viel sie wohl verdienen? Marco hat mir gesagt, dass ein durchschnittlicher Hotelangestellter 40 Dollar pro Monat verdient. So billig ist das Leben auch nicht, dass man damit großartig weit käme. Zudem hat mir Bawa erzählt, dass im Norden Balis Wasserknappheit herrscht. Und wenn kein Wasser mehr da ist, muss man eben welches kaufen. 1000 Liter kosten etwa 3,50 Euro. Mit derartigen Gesprächen, die mich ziemlich mitgenommen zurücklassen, erreichen wir wieder das Hotel.

28. November 2010

Und schon wieder Abschied

Ich bekomme den Tagesanbruch auf Bali mit. Es ist noch recht dämmrig, aber der Himmel ist schon rot. Als die Sonne den Mount Agung überwindet, wird es plötzlich ganz hell. Ich werde zum Flughafen gebracht. Dort lasse ich mir mit meinem letzten Geld eine Fußreflexzonenmassage verpassen, denn noch habe ich meine Flip-Flops an. Die dicken Winterschuhe werde ich erst kurz vor der Landung in Deutschland anziehen. In Singapur habe ich mehrere Stunden Aufenthalt. Es gibt aber keinen besseren Flughafen, um irgendwo ein paar Stunden zu verbringen. Wenn man länger dort festsitzt, kann man mit einem Spezialbus eine Gratis-Stadtrundfahrt machen. Es gibt Gratis-Kino, Gratis-Wifi, Umkleideräume, Duschen und natürlich jede Menge Geschäfte und Restaurants. Ich bin die ganze Zeit unterwegs und laufe mir mit meinen Flip-Flops eine Blase, aber das ist egal, denn die belastete Stelle hat nun mindestens ein halbes Jahr Zeit, um zu heilen.

Wenigstens habe ich mit dem Rückflug alles richtig gemacht. Ich schaffe es gerade eben nach Hause, ehe der Winter mit Macht zuschlägt und im Land ein unbeschreibliches Verkehrschaos anrichtet, das um Haaresbreite das nächste Hindernis auf dieser Reise gewesen wäre.

Burma

Grandioser Overkill

Es zieht mich mal wieder in die Ferne. Nach Asien. Immer noch, obwohl meine letzte Asienreise mehr Aufregung beinhaltete, als meinen Nerven gut getan hat. Und im Urlaub soll man sich ja was Gutes tun.

Burma stand schon lange auf meiner Wunschliste, aber die Rahmenbedingungen waren bedrückend. Fünfzig Jahre Militärdiktatur und Unfreiheit. Während dieser Zeit war das Land nach außen hin abgeschottet. Touristen bekamen, wenn überhaupt, nur ein siebentägiges Visum und mussten sich auf festgesetzten Wegen aufhalten. Jetzt weht der Wind of Change. Die Militärjunta hat ohne besonderen Grund das Land geöffnet. Mal davon abgesehen, dass es toll ist, ein Land im Aufbruch mitzubekommen, will ich rechtzeitig da gewesen sein, um die Ursprünglichkeit dieser lang unzugänglichen Kultur mitzubekommen. Ich nutze die Betriebsruhe zum Jahresende 2012, um mich auf den Weg zu machen.

Burma? Birma? Myanmar?

Offiziell heißt das Land Myanmar, aber dieser Name wurde ihm von der Militärregierung gegeben. Die Opposition sagt Burma. Also sage ich auch Burma.

Wie heißt die wichtigste Stadt? Rangun? Yangon?

Das liegt an der schlampigen Aussprache. Wie München und Minga. Und jeder schreibt, wie er's spricht. Die offizielle Schreibweise jedenfalls lautet Yangon.

23. Dezember 2012

Ein Orkan für die Sinne

Die Reise gestaltet sich diesmal recht geschmeidig. Was ich zu bemängeln habe, ist Meckerei auf hohem Niveau. Im nahöstlichen Flugzeug ist es zu kalt. Mit diesen Temperaturen kann man wohl bei Wüstenbewohnern punkten, aber nicht bei Europäern, die dem Winter entfliehen wollen. Außerdem ist der Service sehr, sehr personalisiert. Die Stewardessen betüddeln jeden einzelnen Passagier ewig lang, bevor sie ihm sein Essen geben. Da ich hinten sitze und bei meinen scheuernden Magenwänden seit Stunden die verlockenden Gerüche mitbekomme, aber ewig warten muss, sinkt meine Laune.

In Abu Dhabi ist Weihnachten ausgebrochen, wovon die zahlreichen geschmückten Bäume zeugen. Sogar ein Weihnachtsmann läuft herum und verteilt Süßigkeiten. In Bangkok ist auch Weihnachten. Im Flughafen stehen mehrere Tempel, die mit kunstvollen, achteckigen Schneeflocken verziert sind, von den Weihnachtsbäumen ganz zu schweigen.

Ziemlich k. o. komme ich in Yangon an. Selbst hier ist der Flughafen weihnachtlich geschmückt. Plastiktannen mit blinkenden Lichtern, bunte

Weihnachtskugeln und Kunstschnee begrüßen die Ankömmlinge. Ich mache mich auf eine langwierige, hochnotpeinliche Grenzkontrolle gefasst, aber es geht alles sehr flott. Keine Fragen, keine Formulare. Einfach Pass vorlegen, Stempel rein, fertig! Der Geldtausch hingegen ist ein Abenteuer. Man muss sich an einem Schalter anstellen und seinen Pass sowie jungfräuliche, makellose Geldscheine der eigenen Währung abgeben, die genauestens geprüft werden. Der eine oder andere Schein wird tatsächlich zurückgewiesen. Dann wird man anhand seines Passes aufgerufen und bekommt ein fettes Bündel burmesischer Geldscheine in die Hand gedrückt. Die Gruppe findet sich danach zügig beim Reiseleiter ein. Wir gehen in unseren Bus, der erfreulich locker besetzt ist, sodass jeder im Prinzip zwei Sitze belegen kann. Ins Hotel können wir aber noch nicht, weil die Zimmer noch nicht fertig sind. Also machen wir zuerst die Stadtbesichtigung.

Trotz ihrer fünf Millionen Einwohner wirkt die Stadt sehr ländlich und es ist offensichtlich, dass sie ihre besten Tage schon hinter sich hat. Was mich aber umhaut, ist die totale Sauberkeit. Vergammelt, abgewohnt, aber pieksauber.

Wir fahren zur Sule-Pagode. Sie steht auf einer Verkehrsinsel, die früher eine Insel im Urwald war. Jetzt ragt die Pagode golden aus dem Gewusel heraus. Weiter geht es zum Haus der Freiheitsheldin Aung San Suu Kyi. Sie ist das weibliche Gegenstück zum Dalai Lama und legt Wert darauf, dass ihre Forderungen gewaltlos durchgesetzt werden. Damit das Volk sie vergisst, wurde sie zu fünfzehn Jahren Hausarrest verurteilt. Doch das Volk vergaß sie nicht. Nun hat sie im Rahmen einer Amnestie ihre Freiheit wiedererlangt. Das Haus wirkt unscheinbar und ist dick mit Stacheldraht umwickelt. Es hat sich zum Wallfahrtsort entwickelt und die Leute pilgern da hin, um sich davor fotografieren zu lassen.

Dann ist die Bodetha-Pagode am Fluss dran, wo gerade das Schiff der „Swimming Doctors" anliegt. Auch diese Pagode ist über und über mit Blattgold bedeckt. Die Gläubigen kaufen mit Gold und Silber überzogene Kokosnüsse als Opfergaben. Es ist so richtig heiß. Die Verkäufer sitzen träge vor ihren Ständen, von zahlreichen Straßenkötern umgeben. Ein kleiner Junge laust seine Mutter. Im Schatten sitzt eine Frau mit einem selig schlafenden Kind im Arm. Sie ist sehr dünn und trägt zerrissene Kleidung. Einige aus der Gruppe geben ihr Geld. Ich bin da sehr gespalten. Natürlich kann sie das Geld brauchen, aber wenn man es ihr einfach so gibt, erzieht man sie zur Bettlerin.

Wir kommen ins Hotel. Es gibt nichts zu meckern, außer dass es wegen des Straßenverkehrs sehr laut ist. Jetzt haben wir erst mal Pause, bevor wir zur Shwedagon-Pagode gehen, dem größten Heiligtum des Landes, in dem sechs Haare Buddhas und außerdem die Reliquien von vier Vorbuddhas aufbewahrt werden. Danach sollen wir programmgemäß in einem Bootspalast mit Folkloreaufführungen zu Abend essen. Doch die Buchung ist schief gelaufen und wir werden im Hotel zu Abend essen müssen. Für mich sind das gute Nachrichten, zumal der Folkloreabend nachgeholt werden soll, und ich jetzt so richtig müde bin.

Wir machen uns auf den Weg zur Shwedagon-Pagode. Na gut. Sie hat die größte Stupa, heißt es, sozusagen den höchsten buddhistischen „Kirchturm", aber sonst wird es halt eine Pagode wie viele andere sein. Denkste! Die Shwedagon-Pagode haut mich richtig um. Eine Unzahl einzelner Tempel, einer prachtvoller als der andere. Alle über und über mit Gold und Edelsteinen bedeckt wie im Märchen. Tausende von Pilgern und Gläubigen, die ihr Gebet verrichten. Über dem Ganzen liegt eine besondere Stimmung. Wir befinden uns definitiv an einem Kraftort.

Wir erleben in der Pagode den Sonnenuntergang, wenn das Gold dann ganz besonders glitzert. Die Shwedagon-Pagode ist nicht lediglich mit Blattgold bedeckt, sondern mit richtig dicken Goldplatten. Die Spitze der Pagode ist mit über 4000 Diamanten mit einem Gewicht von 1800 Karat besetzt. Ein sehr beeindruckendes Erlebnis, das eigentlich einen ganzen Tag erfordert hätte. Morgen wäre passender gewesen, denn dann ist Heiligabend. Doch wie die Reiseleiter sagen, ist in der Shwedagon-Pagode jeder Abend heilig. Auch wieder wahr.

Zum Abendessen gibt es eine Art dünne Rettichsuppe, Zwiebel-Tomaten-Salat mit Erdnüssen, Reis mit Bohnen, Fischcurry, Fleischcurry, eine Art Spinat und zum Schluss Tapiokapudding. Alles sehr lecker. Dazu nehme ich Myanmar-Bier, welches hervorragend schmeckt. Dann falle ich ins Bett und schlafe wunderbar.

24. Dezember 2012

Goldener Felsen, beschädigte Menschen

Um halb sechs ist Weckzeit. Das Frühstück ist sensationell. Man kann wählen zwischen Englisch, Kontinental, Amerikanisch, Vollwertig und Ortsüblich. Letzteres besteht aus Reis mit Bohnen, einer dünnen Reissuppe mit Einlage aus hundertjährigen Eiern, Chili-Knoblauch-Soße, verschiedenen Kräutern und Kohl, der aussieht, als würde er weiteres Leben in sich bergen.

Dann machen wir uns auf den Weg zum Goldenen Felsen, dem zweitwichtigsten Heiligtum der Burmesen nach der Shwedagon-Pagode. Der Verkehr ist chaotisch und aggressiv. In Burma herrscht Rechtsverkehr, gleichzeitig haben die meisten Autos das Steuer rechts, d.h. der Fahrer muss mit maximaler Unübersicht-lichkeit leben. Gebremst wird nie, für niemanden. Die Fahrzeuge hupen sich den Weg frei und geben Vollgas.

Wir sind zwanzig Leute. Um uns kümmern sich ein deutscher Reiseleiter, der örtliche Reiseleiter Ko Ko, zwei Busfahrer und ein Helfer. Diese fünf Leute passen auf, dass wir immer heil über die Straße kommen. Der Bus ist klimatisiert – fast ein Eisschrank. Fast alle haben Jacken an und beschweren sich. Aber der Reiseleiter behauptet, die Klimaanlage könne man nicht kleiner stellen. Auch wenn ich bei Affenhitze ein kühles Lüftchen schätze, halte ich Klimaanlagen im Grunde für eine verfluchte Erfindung und – das sei vorausgeschickt – von dieser Meinung bin ich auch während der ganzen Reise nicht abgerückt. Nur eine abgeschaltete Klimaanlage ist eine gute Klimaanlage. Ich bin sauer. Ich muss meine dicke Fleecejacke tragen. Doch irgendwann siegt die Sonne und es wird im Bus so warm, dass wir die Jacken ausziehen können. Halleluja!

Wir halten bei einer Töpferei. Kleine, zarte Frauen formen in rasantem Tempo mithilfe einer manuell betriebenen Drehscheibe riesige Tonkrüge, die als Wasserbehälter und als Vorratsgefäße verwendet werden. Diese werden gleich vor Ort verkauft, ebenso wie der Skorpionschnaps. In jeder Flasche befinden sich dekorativ drapiert zwischen Fruchtschnitzen zwei große Skorpione. Der Schnaps soll furchtbar schmecken, hat aber zweifellos hohen dekorativen Wert. Die Leute sind sehr nett und die Kinder möchten unbedingt fotografiert werden. Dann muss man ihnen das Bild zeigen und sie lachen sich tot.

Mittagessen. Heute ist der Teufel los, weil Weihnachten ist. Die Buddhisten feiern gern und nehmen alles mit, was sich bietet. Deswegen ist auch hier heute Feier- und Wallfahrtstag. Wir essen in einem großen Ausflugslokal. Für uns wurde vorab Huhn mit Reis bestellt, aber wer will, kann auch ortsüblich essen. In der Küche sucht man sich aus zahlreichen Töpfen das aus, was man möchte, dazu gibt es Reis. Ich nehme Königskrabben mit Zwiebeln. Es gibt dann noch einen Teller mit Rohkost. Kohl, Pomeranzenblätter, andere, aromatische Kräuter, winzige, weiße Auberginen, die mir gar nicht schmecken und Würfelchen von etwas, das so ähnlich wie Ingwer ist.

Wir fahren weiter, in die Berge. Auf der Straße kommt uns ein steter Strom von Lastern entgegen, die mit feinstem Tropenholz beladen sind. Die Wiederaufforstung erfolgt deutlich sichtbar mit Eukalyptus, der schnell wächst und die Böden nachhaltig zerstört. Die Wiederaufforstung könnte ein übler Etikettenschwindel sein. Der arglose Verbraucher fühlt sich gut, weil er Holz aus nachhaltiger Waldwirtschaft kauft. Dass die Tropenriesen durch Eukalyptus ersetzt werden, sagt einem keiner. Der Tausch von Glasperlen gegen Gold findet hier seine Fortsetzung.

Bald sind wir so weit in den Bergen, dass unser Bus nicht weiter fahren kann. Hier befindet sich der Umsteigebahnhof für die Gläubigen. Alle Busse halten hier und die Menschen steigen in Pritschenwagen ein, wo sie auf Querbalken dicht an dicht sitzen. Diese Fahrzeuge fahren halsbrecherisch die steile und kurvenreiche Straße hoch. Dort, wo diese Straße aufhört, liegt unser wunderschönes Hotel. Und von dort aus ist es noch ein dreiviertelstündiger Fußmarsch über einen ätzend steilen Weg zum Goldenen Felsen. Oder man lässt sich mit der Sänfte hochtragen, wozu unser Reiseleiter dringend rät. Wir sollten europäische Befindlichkeiten beiseitelassen. Die Sänftenträger haben keinen anderen Beruf und sind auf Einnahmen angewiesen. Aber sich sanft schaukelnd hochtragen lassen und Menschen als Lasttiere missbrauchen? Ein absolutes Unding für mich! Wenn die Männer aber heute keinen Auftrag kriegen, haben sie in den nächsten Tagen nichts zu essen. Nichts ist schlimmer für sie, als ihre Verdienstchancen im wahrsten Sinne des Wortes an sich vorbeilaufen zu sehen. Noch ein absolutes Unding! Ich entscheide mich für das Unding Nummer eins und beschließe, mich tragen zu lassen. Doch als ich die Sänftenträger sehe, wird mir ganz anders. Das sind alles kleine, junge, zarte Männer, bis auf einen, der schon etwas älter ist. Sehr faltig, resignierte Augen und kaum noch Zähne. Vielleicht ist er noch gar nicht so alt. Vielleicht lässt einen die Arbeit alt aussehen. Und die wollen zu viert die vergleichsweise fetten Europäer diesen abartig steilen Berg hochtragen? Die Sänftenträger in ihren Flip-Flops laufen den Berg jedoch wesentlich flotter hoch als unsereiner ohne jede Belastung. Obwohl die Sänfte sehr bequem ist und ich froh bin, dass der Aufstieg mir bei dieser Hitze erspart geblieben ist, genieße ich die Sänfte nicht. Sänfte kommt von sanft. Weil man sehr bequem halb liegend in diesem Ding Platz nimmt, das angenehm schaukelt. Getragen von lauter jungen Männern, die nichts lernen und sich die Gesundheit frühzeitig ruinieren. Außerdem nimmt ihnen ein anderer Mann gleich ein Viertel ihrer Einnahmen ab. Mit ein bisschen Glück ist das der Sänftenbesitzer, mit ein bisschen Pech ein Schutzgelderpresser. Plötzlich finde ich meine alltägliche Mühsal gar nicht mehr schlimm.

Den Goldenen Felsen hat ein Gott mit einem einzigen Kontaktpunkt auf einen anderen Felsen gesetzt, und nur zwei Locken Buddhas verhindern, dass dieser Riesenbrocken vornüber kippt. Männer dürfen ihn berühren, Frauen nicht, weil diese inkarnationsmäßig auf einer viel zu niedrigen Stufe stehen. Damit eine Frau als Mann reinkarniert, muss sie zu Lebzeiten schier Unglaubliches leisten. Immerhin darf meine Wenigkeit um den Felsen herumgehen, und dabei sehe ich eine Schlange. Schlangen bringen Glück, und eine Schlange an so einem magischen Ort bringt Superglück. Außerdem ist sie nicht giftig, weil sie einen langen Schwanz hat. Giftschlangen sind kurzschwänzig. Aber wo fängt man an, den Schwanz einer Schlange zu messen?

Das Gewusel am Goldenen Felsen ist unwahrscheinlich. Wir Ausländer erregen großes Aufsehen und viele Leute möchten uns fotografieren. Die einheimischen Gläubigen kampieren in provisorischen Zelten, vor denen Garküchen aufgebaut sind. Fliegende Händler preisen ihre Ware. Um den Felsen herum ist eine Ministadt, prallvoll mit Leben, entstanden. Wenn man dreimal pro Jahr zum Goldenen Felsen pilgert, wird man mit Ruhm und Wohlstand bedacht. Das sind zwar keine klassischen buddhistischen Werte, aber sie werden gern genommen.

Wir erleben noch einen sensationellen Sonnenuntergang, dann geht's wieder runter zum Hotel. Dort feiern wir gemütlich zusammen Weihnachten mit lamettageschmückten Ananassen und Mandalay-Rum aus Nordburma, der erstaunlich mild und gut schmeckt. Doch allzu spät wird es nicht, denn der Tag war voller mächtiger Eindrücke und am nächsten Morgen ist um sechs wieder Weckzeit.

25. Dezember 2012

Landleben pur

Im Morgengrauen verlassen wir das Hotel. Wir haben alle leichtes Gepäck, also ist der Abstieg kein Problem. Ein Gepäckträger mit seiner Kiepe ist da und seine Enttäuschung ist spürbar, als wir alle ablehnen. Also lasse ich tragen, obwohl ich mir wie eine koloniale Memsahib vorkomme. Wieder fahren wir mit dem Pritschenwagen ins Tal. Unser Fahrer ist extrem vorsichtig. Dann fahren wir mit unserem Bus zu einer Gummiplantage. Die Landschaft öffnet sich immer mehr, der Blick wird weiter. Reisfelder wechseln mit Gummibaumplantagen, indigofarbene Berge zeichnen sich im Hintergrund ab. Gummibäume werden großflächig angebaut. In den Plantagen arbeiten Strafgefangene und wir sehen einen Trupp, der von Uniformierten begleitet wird. Der Gummibaum wird kunstvoll angeritzt, sodass die richtige Menge Pflanzensaft herausfließt. Der Saft wird gesammelt und in Wannen gegeben, wo er an der Luft eine puddingartige Konsistenz bekommt. Dieser Pudding wird zu einem Rechteck gezogen und geknetet und dann mehrfach gewalzt, bis er die Größe eines Badezimmerteppichs hat. Dann lässt man ihn an der Luft trocknen, wobei er schrumpft. Wenn er trocken ist, wird er zwecks Haltbarkeit geräuchert, sozusagen Vulkanisierung light. Dadurch bekommt er eine schmutzigbraune Farbe. Die schmutzigbraunen Matten werden wieder zum Trocknen an die Luft gehängt und gelangen nach der Trocknung in den Verkauf.

Wir kommen nach Thaton und besuchen die städtische Pagode. Dort kann man einen Vogel aus einem übelst überfüllten Käfig kaufen und ihm die Freiheit schenken, das soll gutes Karma geben. Wie in jeder Religion darf man die Ursachen fürs Übel nicht ausrotten, denn wie sollen sich die Gläubigen sonst noch edel gebärden können?

Im offensichtlich einzigen Restaurant der Stadt essen wir zu Mittag. Für uns sind problemlose Gerichte vorbestellt worden. Danach besuchen wir eine Bambusmanufaktur. Aus Bambus wird hier schlicht und ergreifend alles gemacht: Häuser, Möbel, Alltagsgegenstände. Außerdem besuchen wir eine Betelpfeffer-Plantage. Wie überall sonst in Asien kauen die Menschen hier gern Betelnuss. Diese Nuss wird gehackt, mit Kalk und - je nach Geldbeutel - mit allen möglichen Zusatzstoffen vermischt und in das sehr weiche und elastische Betelpfefferblatt gewickelt. Betelnüsse wirken anregend und erheiternd, färben den Mund rot und machen süchtig. Fortgesetzter Gebrauch kann zu Kehlkopfkrebs führen. Durch den ständigen Konsum haben viele Leute leuchtend rote Münder, in Einzelfällen sogar Kinder.

Wir fahren durch betörende Landschaften mit Reisfeldern und schroffen Kalkfelsen, die hier Dinozähne genannt werden, zur Höhle der 10.000 Buddhas. Die Fahrt geht langsam, denn die Straße ist nicht asphaltiert. Wir sehen, dass die Reisfelder ganz archaisch bestellt werden, nur mit Muskelkraft. Dennoch erzielt Burma einen Reisüberschuss. Und so ziehen die Bauern, für uns ganz idyllisch, mit ihren Wasserbüffeln über die Felder. Milchvieh gibt es hier nicht, wie schon einige in der Gruppe seufzend feststellen mussten, als sie die Milch im Kaffee vermissten. Die Rinder, die wir sehen, sind Zugtiere. Auch sieht man viele

Ziegen, hin und wieder ein Schwein, überall freilaufende Hühner mitsamt ihren Küken.

Normalerweise verirrt sich da keine Reisegruppe hin, daher erregen wir entsprechendes Aufsehen. Um die Höhle ranken sich vielerlei Legenden und sie ist ganz zauberhaft. Die Decke hat ein geologisches Unglück entfernt. Die Wände sind bis oben hin behauen und viele Buddhas in allen Größen sind herausgearbeitet. Weiter unten befinden sich große Buddhastatuen und zahlreiche Opferaltäre, die mit frischen Blumen und Obst bestückt sind. Über die Höhlenöffnung wachsen Äste von ganz prächtigen Bäumen. Viele religiöse Stätten sind außerordentlich geschmackvoll. Aber dann werden so richtig grob Neonröhren oder andere Dinge angebracht, die den positiven Eindruck zerstören. So auch hier. Nur oben, wo niemand drankommt, ist es noch schön.

Ich sehe einen Mönch, der einen Hund schlägt, was ziemlich unbuddhistisch ist. Es gibt hier sehr viele Hunde. Sie sind alle sehr dünn und oft ziemlich unentspannt. Sobald ein Mensch sich nähert, fliehen sie. Die Katzen hingegen sind alle entspannt und sehr zutraulich, aber auch verdammt dünn.

Wir besuchen eine Pagode, die auf einer Felsspitze im See gebaut ist. Zutritt für Frauen verboten. Am Eingang kann man Popcorn kaufen, um die Fische zu füttern und sich Bonuspunkte fürs nächste Leben zu sichern.

Der nächste Punkt ist der Lumpini-Park, der Buddhas Geburtsort Lumpini beschwört. Dort stehen zahlreiche Buddhastatuen. Der Park ist relativ ungepflegt, das Gras ist so hoch, dass es manche Statuen fast verdeckt.

Wir fahren nach Mawlamyine weiter. Unser Hotel liegt an der Strandpromenade und in mir erwachen die tollsten Fantasien. Es ist schon dunkel, als wir ankommen, aber die Strandpromenade scheint meine Vorstellungen zu enttäuschen. Ich hatte irgendwie eine Art Strand erwartet, aber da ist nur eine Straße und sonst nichts.

26. Dezember 2012

Der erschütternde Weg zur Freiheit

Das Vormittagsprogramm macht keinen Eindruck auf mich, deshalb klinke ich mich aus. Ich suche erst mal ein Internetcafé, aber die Infos, die ich bekomme, führen mich nicht weiter. Ich frage eine junge Frau mit einem Handy, aber sie kann kaum Englisch und ich verstehe ihre Erklärungen nicht. Ich ziehe ab. Plötzlich steht sie mit dem Motorroller neben mir und bittet mich aufzusteigen. Auch sie muss sich eine Weile durchfragen, aber schließlich setzt sie mich vor einem echten Internetcafé ab.

Nachdem ich meine 150 Mails gecheckt habe, ohne annähernd die Welt zu retten, will ich meine Reisenotizen vervollständigen. Ich suche mir ein baumbestandenes Freilichtlokal. Eine Gruppe Männer sitzt an einem Tisch. Einer steht schließlich auf und bittet mich, an deren Tisch zu kommen. Es ist ein Treffen von Widerstandskämpfern vom Volk der Mon. Die Verständigung ist schwierig, doch was ich höre, ist ziemlich furchtbar. Sie erzählen von vielen, vielen Toten seit 1988. Damals hat das Volk zusammen mit den Mönchen den friedlichen Aufstand geprobt. Das Militär hat undifferenziert um sich gefeuert und auch zahlreiche Mönche erschossen. Der Mann mit dem Decknamen „Sieg" ist Anwalt und hat fünfunddreißig Jahre seines Lebens im Gefängnis verbracht, davon viele Jahre in Dunkelhaft. Der Herr mit dem Decknamen „Freiheit" erzählt von Mord, Totschlag und Folter. Alle sagen sie, dass die jetzige Regierung lügt und dass die derzeitige Öffnung ein Strohfeuer sei. Dass die Militärs sich beim Westen lieb Kind machen wollen, im Grunde aber ganz genau wissen, wie sie das Volk unter Kontrolle halten können. Sie erwarten, dass es noch gewaltig knallen wird und meinen, dass die Methoden jetzt subtiler, aber nicht minder wirksam sind. Schildern mir, dass das Volk durch und durch traumatisiert ist. Dass die Gesichter der Burmesen lächeln, während ihre Herzen weinen.

Dennoch: Vor Kurzem wäre Herr Sieg ins Gefängnis gekommen, wenn er einem Ausländer erzählt hätte, dass er unzufrieden ist. Insofern ist das ein riesiger Fortschritt. Burma ist ein Vielvölkerstaat, und wie so eine Sache ausgehen kann, wenn es keinen großen Vereiniger gibt, weiß man. Ob nicht Aung San Suu Kyi diese Figur wäre?

Nein, die Dame erfülle eine Alibifunktion. Man habe sie freigelassen, um das Volk zu beschwichtigen. Gleichzeitig habe man ihr die Flügel gestutzt. Man wird ihr Aufgaben übertragen und dafür sorgen, dass sie sie nicht erfüllen kann. Nachdem man sie nicht vergessen machen konnte, soll sie nun im In- und Ausland demontiert werden. Aung San Suu Kyi wird übrigens nie ein höheres Amt bekleiden können. Sie war mit einem bereits verstorbenen Engländer verheiratet und hat zwei Söhne mit ihm, die Engländer sind, da ihnen die burmesische Staatsbürgerschaft zwangsweise entzogen wurde. Nun haben die Militärs kurz vor der Wahl ein Gesetz herausgegeben, das Burmesen mit ausländischen Kindern aus verschiedenen Schlüsselpositionen fernhält.

Ich laufe durch die Stadt zum Gruppentreffpunkt zurück. Man sieht hier viele Leute mit einer weißen Paste im Gesicht. Das ist Thanaka, eine Pflanze, die als pflegend gilt. Man lässt den Saft antrocknen. Das gilt allgemein als schön. Auch weiße Haut gilt als schön und in den Städten sieht man viele Werbeplakate für Bleichcreme.

Der Tourismus wird nach Kräften gefördert, um dem Land Einnahmen zu verschaffen. Die derzeitige Situation ist etwas ungut. Es gibt vielfach zwei Preislisten: Für Einheimische und für Ausländer, wobei alles für Ausländer viel teurer ist. Außerdem haben die Banken angeblich kein Kleingeld. Die kleinste Einheit, die Banken ausgeben, ist ein 5000-Kyat-Schein, was etwa fünf Euro entspricht. Viele Händler haben angeblich kein Wechselgeld, und so zahlt man häufig zu viel. Mir waren die Burmesen als bescheidene Menschen beschrieben worden, doch diejenigen, die sich ein Geschäft vom Tourismus erwarten, sind recht aufdringlich.

Nachmittags waren wir in der U Zina-Pagode, die so heißt, weil Herr U Zina sie hat renovieren lassen. Dort steht eine imposante Siegessäule, die Siegessäule des Geistes, auf welcher der mythologische Schwan Hamsa als Verkörperung der Seele sitzt. Außerdem sehen wir eine Darstellung der acht buddhistischen Wochentage Montag, Dienstag, Mittwochvormittag, Mittwochnachmittag, Donnerstag, Freitag, Samstag, Sonntag mit ihren jeweiligen Symboltieren.

Das, was ich an den Pagoden als unharmonisch empfinde, hat eine einfache Erklärung. Jegliche Eingriffe an den Pagoden führen zu Bonuspunkten für das nächste Leben. Wenn die Pagode erst mal steht, kann jeder Gläubige sie nach Lust und Geldbeutel verschönern. Da jeder Gläubige einen anderen Geldbeutel und einen anderen Geschmack hat, kommen Dinge heraus, auf denen das westliche Auge mit gewissem Unbehagen ruht, weil manches stilistisch nicht zusammenpasst. Zum Schluss sind wir noch in der Mahamouni-Pagode, die einen wunderbaren Blick auf die Stadt bietet und wo wir einen tollen Sonnenuntergang erleben.

27. Dezember 2012

Einsiedler, Prinzen, Geister

Weil wir eine so disziplinierte und interessierte Gruppe sind, gibt es einen Bonus. Allerdings heißt das, um fünf Uhr aufzustehen. Wir besuchen einen Mönch in einer Einsiedelei, einen Freund von Ko Ko. Jeder Buddhist muss einmal in seinem Leben Mönch bzw. Nonne gewesen sein, und sei es nur für eine Woche. Nicht wenige bleiben dabei, denn sie haben dann ein strenges, aber materiell gesichertes Leben und lernen zudem noch lesen und schreiben. Die Mönche ziehen mit ihren Opferschalen bettelnd um die Häuser. Sie bekommen Essen von der arbeitenden Bevölkerung und meditieren und beten dann für diese mit. Ihr Leitsatz lautet „Alle

Wesen sollen glücklich sein" und sie praktizieren die Mitta, die wohlwollende Liebe.

Wir fahren mit dem Bus bis zu einer Schotterpiste an einem Steinbruch. Dort wird der Stein von Hand gebrochen und mithilfe von Holz gesprengt, das trocken in Bohrungen gesteckt und dann befeuchtet wird, bis es den Stein platzen lässt. Ein Kohlenhändler, ein Freund von Ko Ko, stellt seinen altersschwachen, geländegängigen Kleinlaster für jene zur Verfügung, die nicht gut zu Fuß oder einfach faul sind. Wir müssen nämlich eine Weile laufen.

Wie lange? Zehn Minuten, eine Stunde? Eine Weile eben.

Wie weit? Ein Kilometer oder fünf? Eine Strecke halt.

Mit unserer Art, Strecken und Zeiten in messbare Einheiten zu zerhacken, können die Menschen hier nicht wirklich etwas anfangen. Ich fahre mit dem Laster, was sich als völlig unnötig herausstellen sollte, da der Fußmarsch tatsächlich nur eine Viertelstunde gedauert hätte.

Einsiedlermönche gehen in die Natur und kommen ins Dorf betteln. Wenn sie der Bevölkerung zu Glück verhelfen, kommen stattdessen die Leute zu ihnen, versorgen sie und bauen ihnen ein Kloster. Ko Kos Freund ist seit fünfunddreißig Jahren Mönch: zwanzig Jahre im Kloster und fünfzehn Jahre als Einsiedler. Er hat es spartanisch im Urwald, aber alles, was er braucht, ist da. Das Wasser einer nahen Quelle wird durch Rohre an sein Holzhaus herangeführt, und so hat er ein Wasserbecken zum Kochen, noch eines zum Waschen und ein Drittes für die Toilettenspülung. Er hat eine sehr einfach eingerichtete Küche und ein Schlafzimmer mit einem Bett. Auf einem Regal stehen seine Habseligkeiten: ein paar Bücher, ein paar Bilder, ein Wecker und eine Taschenlampe. Wie alle Burmesen ist er wild aufs Fotografiertwerden, und so gibt es dann ein Gruppenbild mit Mönch. Es werden Spenden gesammelt. Aber dieser Mönch ist besonders rein und möchte mit Geld nichts zu tun haben. Die Scheine werden ihm deshalb in einem Briefumschlag gereicht, die er somit ohne das Geld zu berühren an die Bedürftigen weitergeben wird.

Wir fahren weiter in die Stadt Bago. Auf dem Weg kommen wir an mehreren interessanten Vorkommnissen vorbei. Wir sehen einen Mönchszug am Straßenrand, der seine Reisgaben entgegennimmt und es findet eine Prinzen-werdung statt. Kleine Jungen, die Mönche werden wollen oder sollen oder wollen sollen, vollziehen

Buddhas Lebensweg nach, und genauso wie dieser werden sie erst zum Prinzen, bevor sie Mönche werden. Der Zug sieht endlos aus. Zu Gongschlägen und Musik ziehen erst Männer mit weißen Hemden vorbei, die gelbe Blumensträuße in den Händen halten. Ihnen folgen Frauen in Festtagskleidern, die Körbe mit Opfergaben auf dem Kopf tragen. Eine lange Prozession von festlich gekleideten Männern und Frauen trägt nun Sträuße der verschiedensten Blumen. Es folgt eine Gruppe Frauen, die Kissen tragen. Anschließend kommen Personen mit eingerollten Teppichen. Grazile Frauen in schönen Kleidern tragen Blumentöpfe mit Grünpflanzen auf dem Kopf. Und dann kommen sie: sieben Prinzchen. Der älteste Prinz dürfte in die Pubertät kommen, aber die Kleinsten können sich kaum auf den Pferden halten. Sie tragen golden glänzende Anzüge mit steifen Epauletten, die wie eine Andeutung von Flügeln wirken. Dazu eine goldene Mütze, an deren Rückseite eine Art Fächer absteht. Jeder von ihnen sitzt auf einem weißen Pferd, das mit bestickten Decken und bunten Troddeln geschmückt ist. Die Pferde werden geführt und neben jedem Prinzen läuft ein Diener mit einem Schirm. Es folgt ein Wagen, von dem laute burmesische Popmusik erklingt.

Dahinter tanzt das burmesische Jungvolk, überwiegend in Jeans und T-Shirts gekleidet. Wir stehen artig am Straßenrand, aber sie packen uns und fordern uns zum Mitmachen auf. Bald tanzen wir alle.

In Bago besuchen wir die wichtigste Pagode der Stadt. Anschließend suchen wir den Liegenden Buddha auf, auf dessen Rückseite seine Geschichte erzählt wird. Um die Pagode herum herrscht ein unwahrscheinliches Gewusel, die örtlichen Händler überrennen und übervorteilen uns. Weiter geht die Fahrt nach Yangon. Wir kommen an einem Friedhof vom Zweiten Weltkrieg vorbei. Hier liegen 27.000 alliierte Soldaten, die hauptsächlich im Kampf gegen Japan gefallen sind.

Nächste Station ist ein Nat-Schrein. Nats sind Geister eines animistischen Glaubens, der parallel zum Buddhismus existiert. Ein Nat ist ein Geist, der nicht geschmeidig in den Wiedergeburtszyklus eintreten konnte und deshalb noch auf Erden ist. Wenn man nicht nett zu ihm ist, kann er sehr unangenehm werden. Bei guter Behandlung leistet er aber wertvolle Dienste. Dieser Nat wohnt nun in einem Baum. Dort hängt ein kleiner, liebevoll geschnitzter Altar mit einer Puppe und mehreren Vasen mit frischen Blumen.

Von dort wirkt der Nat begünstigend auf den Straßenverkehr. Wenn man ein neues Fahrzeug kauft, lässt man es von diesem Nat segnen.

In Yangon geraten wir in einen Stau, der mit dem Verkehrsstillstand jeder Weltstadt mithalten kann. An diesem Abend holen wir unseren Folklore-Abend nach. Die Halle ist eher ungemütlich, die Kostüme hingegen sind wunderschön. Prächtig bestickte Seidenstoffe. Die Musik hingegen ist nichts, was ich auf Dauer haben muss. Die ganze Veranstaltung wirkt auf mich steril. Erschlagen kommen wir im Hotel an und ich muss feststellen, dass ich das Netzkabel für alle meine Ladegeräte in Mawlamyine zurückgelassen habe. Super! Zwar sind wir in Buddhas Heimat, zumindest aus Sicht der Burmesen (Buddha ist zwar in Nepal geboren, doch seine Familie kam aus Burma), doch von buddhistischer Gelassenheit bin ich Lichtjahre entfernt. Dafür ist der westliche Stress umso präsenter. Theoretisch sollte ich mich in Gelassenheit üben, da ich es sowieso nicht ändern kann. Aber ich schlafe mit einem erhöhten Adrenalinpegel ein.

28. Dezember 2012

Hahnenkampf und Buddhas Brille

Heute geht es mit unserem gruppeneigenen Bonusprogramm weiter, deswegen müssen wir um halb sechs aufstehen. Die Klimaanlage im Bus spinnt wieder und wir bibbern trotz unserer Jacken. Wir fahren in die Gemeinde Zigon, wo Ko Ko Verwandtschaft hat. Wir haben Glück, das Militär hält uns nicht auf, denn eigentlich darf kein Bus die zuvor genehmigte Reiseroute verlassen.

Zunächst gehen wir auf den Viehmarkt und sehen, wie Rinderherden den Besitzer wechseln. Es schließt sich ein kleiner Marsch durch den Urwald über eine bedenklich schwankende Holzbrücke an, dann sind wir im Dorf von Ko Kos Verwandtschaft und werden mit allen Ehren empfangen. Der Dorfteich ist total vermüllt, ansonsten ist es beeindruckend sauber und ordentlich. In einem typischen Haus, das aus Holz und Bambus besteht, befindet sich die Schlafecke, das Reislager, die Küche und, nur durch eine durchbrochene Bambuswand getrennt, der Rinderstall. Die Wasserstelle mit Waschutensilien ist vor dem Haus, das Klohäuschen hinter diesem.

Zu unseren Ehren wird ein Hahnenkampf veranstaltet. Das hat schon vorab Diskussionen gegeben. Das ist eine große Ehre, die wir zwar alle ausschlagen wollen würden, aber der Höflichkeit halber gebührend akzeptieren müssen. Wir sollen zugucken und Freude heucheln. Ko Ko verspricht, dass es keine Messer und keine Toten gibt. Trotzdem gehen die Viecher ganz schön wüst aufeinander los und bluten nach dem Kampf stark. Während des Kampfes werden die Hähne immer wieder mit Wasser besprüht, damit sie keinen Herzinfarkt bekommen. Dazu nimmt der jeweilige Besitzer einen ordentlichen Schluck Wasser und spuckt ihn sachte über seinen Hahn.

Als Nächstes fahren wir zum Brillen-Buddha in die Shwemyetman-Pagode. Eine riesige Statue trägt eine enorme Brille. Die erste Brille war aus sechs Kilo reinem Gold und wurde geklaut. Die Zweite besteht aus bedeutend weniger Gold und ist eingemauert. Ein Prinz, so sagt man, hat durch Buddha wieder sehen können und Buddha daraufhin eine Brille gespendet. Es sind auch viele Brillen da, die die Gläubigen dank Buddhas Kraft abgelegt haben.

Wir kommen nach Pyay, wo wir über Nacht bleiben werden. Dort besuchen wir die Shwe Sandaw Pagode, bei der einem vor dem vielen

Gold die Augen übergehen. Das ist der buddhistische Ablasshandel: Wenn man eine Pagode überreich mit Gold ausstattet, bekommt man Minuspunkte aus dem Karmakonto gestrichen. Hinter jeder prachtvollen Pagode stecken also üble Sünder. Wir besuchen noch zwei Pagoden aus Urzeiten, ganz aus Ziegelstein, und schauen uns die Überreste der Stadt Sri Ksetra an. Darum herum scheint die Zeit stehen geblieben. Die Bauern bearbeiten ihre Felder ganz gemächlich mit Ochsen. Es ist vielleicht nicht idyllisch, aber es sieht idyllisch aus.

Dann kommen wir in unser Hotel. Es ist ein Traum: Lauter überm See gebaute Hütten, durch Stege mitein-ander verbunden. Bis jetzt also alles bestens, bis auf diesen einen verdammten Meter Kabel, den ein Zimmermädchen in Mawlamyine wahrscheinlich ratlos beiseitegelegt hat.

29. Dezember 2012

Viel zu viel Eukalyptus

Ein netter Reisegenosse hat mir sein Netzkabel geliehen, sodass meine schlimmste Not gelindert ist. Die Aufregung war also unnötig. Wir verlassen dieses beschauliche und erholsame Hotel und haben einen reinen Fahrtag. Wir sind auf dem Weg nach Pagan. Die Landschaft wird immer trockener und wüstenähnlicher. Trotzdem hat sich irgendwer nicht entblödet, auch hier alles mit Eukalyptus vollzupflanzen, der dem Boden auch das letzte Restchen Wasser entzieht und das Leben der sehr hart arbeitenden Menschen noch härter macht. In der Nähe der Ansiedlungen hat die Motorsäge nicht so gewütet, und so steht hier noch der Original-Baumbestand: Der sogenannte Rain-Tree, ein mächtiges Gewächs, der bei Regen sein dichtes Blattwerk komplett zusammenfaltet, damit das ganze Wasser im Wurzelbereich landet. Bei Sonne bietet er sehr dichten Schatten, damit kein Wasser verdunstet. Außerdem gibt's noch Palisander und Neem-Baum, der eine komplette Apotheke ist. Er hilft nicht nur gegen Lepra, Verdauungsstörungen und Ungeziefer, sondern es gibt auch Hinweise darauf, dass er gegen Diabetes und Krebs hilft. In der Landwirtschaft wirkt er gegen Würmer und Schadinsekten. Auch gibt es jede Menge fantastische Banyan-Bäume mit bizarren Luftwurzeln. Unter einem Banyan-Baum erlangte Buddha Erleuchtung. Hier sehen wir auch größere Mengen Flughunde.

Touristen kommen hier praktisch nie durch, und wir sind eine Sensation. Verschämt gucken uns die Menschen an. Wir winken. Das gefällt ihnen. Sie strahlen und winken zurück, und so entsteht eine Kommunikation, bei der wir uns gegenseitig direkt angucken können. Das Mittagessen ist immer gleich, da wir dafür nie viel Zeit haben und es schnell reinschaufeln müssen. Es gibt sechs gleichbleibende Gerichte, und wir müssen uns schon im Bus entscheiden, was wir wollen. Kaum dass wir halten, ergeht Bestellung an die Küche. Es gibt Reis mit Gemüse, Nudeln mit Gemüse, Nudelsuppe mit Gemüse, Reis mit Huhn, Reis mit Gemüse, Nudelsuppe mit Huhn. Als Getränke Wasser, Bier oder Cola. Das Standard-Frühstück besteht aus süßlichem Toast, so ähnlich wie Hefezopf, Margarine, die schmeckt, als wäre sie umgearbeitetes Industriefett, und Eier. Hiermit verneige ich mich vor allen Hühnern dieser Welt, dass sie immer und überall ein leckeres und verlässliches Produkt liefern. Die Eier sind stets ungesalzen und die Salzstreuer funktionieren nicht. Außerdem gibt es immer Bananen.

Wir kommen in Pagan an. In unserem Hotel geht es etwas chaotisch zu. Die Chefin Madame Gelbe Blume ist am Durchdrehen. Hier schießen

Hotels wie Pilze aus dem Boden, und ein Konkurrent hat ihr bewährtes Team komplett abgeworben. Jetzt hat sie lauter Leute, die zwar sehr lieb und bemüht sind, aber weder Englisch können, noch mit dem Hotelwesen vertraut sind.

Nach dem Abendessen gibt's ein Puppenspiel. Da die Musikanlage defekt ist, verstehe ich die Erklärungen nicht, und auch die Musik selber entpuppt sich für mich nicht als Hochgenuss, aber das Bemühen der beteiligten Personen ist unübertrefflich.

30. Dezember 2012

Pagan – Start der Pagodenrallye

Pagan war die Hauptstadt des vor etwa 500 Jahren untergegangen Reiches, das etwa die Größe und Form des jetzigen Landes hatte. Die Stadt war damals ungefähr fünfzehn Mal größer als London zur selben Zeit. In Pagan gab es damals 6000 Pagoden, von denen noch 2000 übrig sind. Der König wollte sich mit dem Göttlichen verbinden und hat deshalb Pagoden und Klöster ohne Ende gebaut, für die die arbeitende Bevölkerung aufkommen musste, was sie irgendwann überforderte. Da gleichzeitig Khmer, Thais und Mongolen einfielen, zerfiel das Reich ziemlich flott.

Pagan ist die größte archäologische Stätte Asiens, ist aber kein Weltkulturerbe. Daran ist das Militärregime schuld. In dem Wunsch, es dem damaligen König gleichzutun, hat das Militär behauptet, mit Gott verbunden zu sein und die Anlagen schnell und völlig unsachgemäß restauriert. So wurden in Nischen hässliche Betonbuddhas gesetzt, unabhängig davon, was vorher drin war. Oder es wurden die falschen Ziegel verwendet, und Ähnliches mehr. Die klassische Pagode ist symmetrisch aufgebaut. Der Grundriss ist viereckig und es gibt vier Eingänge, für jede Himmelsrichtung einen. Soweit ich sehen kann, trifft das auf jede Pagode zu. Fast alle Pagoden sind quadratisch, einige wenige rechteckig.

Wir fahren zum Gubyankgyi-Tempel, der zahlreiche Fresken aus der Zeit Kublai Khans beherbergt. Noch größer ist die Zahl der Fresken, die fehlen. Die wurden vor gut hundert Jahren von einem deutschen Archäologen gestohlen und sind seitdem verschwunden.

Wir gehen zur Shwezigon-Pagode. Die Vorsilbe Shwe bedeutet, dass in der entsprechenden Pagode Reliquien von Buddha verbaut worden sind. Meistens sind es Haare, doch auch Zähne sind hier und da dabei. Natürlich ist wieder so viel Gold verbaut, dass einem die Augen übergehen. Hier gibt es auch über vierhundert Kacheln, in denen sämtliche Inkarnationen Buddhas bis zum jetzigen Zeitalter dargestellt sind. An einer Stelle ist eine künstliche Pfütze. Wenn man im richtigen Abstand davor reinguckt, spiegelt sich die Pagode darin. Das hat man gemacht, weil König und Königin immer ihre Krone verloren haben, wenn sie das Haupt gehoben haben, um die Pagode anzugucken. Mit der Pfütze bleibt die Krone am Kopf.

Als Nächstes steht der Kyanzittha-Umin-Höhlentempel auf dem Programm. Ein Labyrinth im Dunklen, verziert mit kostbaren Fresken. Auf diesen folgt der Htilominlo-Tempel, an dessen Besonderheit ich mich gar nicht mehr erinnern kann, da es bei mir langsam zu einer Pagoden-Übersättigung kommt und weil mich die Padaung-Frauen vor dem Tempel gefangen nehmen. Die Padaung-Frauen haben giraffenartige Hälse, die sie bekommen, weil man ihnen bei Beginn der Pubertät Messingspiralen um den Hals schlingt. Das sollen wir zwar später noch mal genauer sehen, aber man weiß nie, und deswegen fotografiere ich diese Frauen und kaufe ihnen auch ein Paar Ohrringe ab. Überhaupt das Kaufen: Die Händler sind eine ziemliche Pest. Sie stehen am Hoteleingang und preisen ihr Zeug lautstark an. Nachdem wir aber nichts kaufen, schwingen sich Händler auf ihr Motorrad und fahren dem Bus nach. Immer wieder. Aber die Taktik rechnet sich, denn die meisten schimpfen, kaufen aber dann doch irgendwas. Sogar ich, obwohl ich fest entschlossen war, maximal resistent zu bleiben.

Wir schauen uns noch das Sarabha-Tor an, das letzte erhaltene Stadttor von Pagan. Dann geht's zu einer Lackwerkstatt. Hier gibt es Lackgegenstände aller Art. Die wirklich hochwertigen Waren sind biegsam und halten alles aus: heiße, kalte, saure, süße Getränke. Die allerbeste Qualität entsteht, indem man Pferdehaar in einem zarten Bambusgeflecht verwebt. Das Ganze wird immer wieder und wieder lackiert. Wenn die Schicht dick genug ist, wird sie poliert. Anschließend wird ein Muster eingeritzt. Die Vertiefungen werden mit Farbe ausgefüllt, durchaus auch mehrfach. Bei Gegenständen mittlerer Qualität werden Bambusspäne zur gewünschten Form gedreht, lackiert, geschliffen, lackiert, geschliffen, immer wieder, und schließlich, wenn die Form einwandfrei ist, poliert, geritzt, gefärbt. Und dann über Wochen zum Trocknen in den Keller gestellt, damit der Lack langsam trocknet und elastisch bleibt.

Nachmittags stehen zwei weitere Tempel auf dem Programm, denen ich mit Sicherheit nicht die nötige Aufmerksamkeit zukommen lasse. Ich kann mich nur noch an den dritten Tempel erinnern, den Manuha-Tempel, in dem viel zu große Buddha-Statuen eingequetscht sind.

Weiter geht es zu einem Tempel, der vier Terrassen hat, so ähnlich wie eine Pyramide. Von dort hat man einen herrlichen Ausblick über ganz Pagan und kann den Sonnenuntergang erleben. Es ist alptraumartig voll, als würde nicht nur ein Sonnenuntergang erwartet, sondern die Ankunft der Außerirdischen. Besonders die Chinesen drängeln und schubsen rücksichtslos. Der Ausblick ist toll und der Sonnenuntergang spektakulär. Er bleibt nur unwesentlich hinter der Ankunft der Außerirdischen zurück.

Das Abendessen bekommen wir in einem Restaurant, wo auch eine Folkloreshow aufgeführt wird. Mit Livemusik. Ein Mann spielt auf einem Holzxylophon, das aussieht wie eine Hängebrücke. Die Klanghölzer sind zwischen zwei Aufhängungen flexibel gespannt. Ein anderer hat eine ganze Reihe Trommeln vor sich stehen.

Meine Ohren zeigen sich erfreut. Die Deko ist schön, das Essen ist gut, und das Leben gefällt mir.

31. Dezember 2012

Die Heimat der Geister

Hier sind wir im steppenartigen Hochland. Tagsüber ist es heiß, nachts frisch. Das finde ich sehr angenehm. Frühstück wird draußen auf der Wiese serviert. Es ist kalt! Hier gibt es auch einheimisches Essen, also Reis mit Bohnen und Erbsenkeimlingen. Dazu noch alles, was sich hier nur reiche Leute leisten können: Gewürze, Röstzwiebeln, Eier. Das burmesische Essen ist eine Mischung aus chinesischer und indischer Küche: Wokge-richte und Currys. Es ist sehr mild. Dazu bekommt man aber immer ein Schüsselchen mit Chili und Riesenmengen Knoblauch. Mir ist es insgesamt zu fad, speziell wenn man die Küche mit der der Nachbarländer China, Indien und Thailand vergleicht. Andererseits: Wer immer Hunger hat, dem schmeckt alles. Und wenn immer alle alles essen, muss die Hausfrau mit ihren Beständen sorgsam umgehen und kann es sich nicht leisten, herumzuexperimentieren. Trotzdem würden etwas Salz und ein paar Kräuter hier und da für mich eine signifikante Verbesserung bewirken.

Nach dem Frühstück fahren wir zum Mount Popa. Auf dem Weg dorthin landen wir bei einer landwirtschaftlichen Manufaktur. Sie wirkt sehr einfach und sauber. Hier wird Palmschnaps gebrannt und Erdnussöl gepresst. Außerdem werden Süßigkeiten aus Palmzucker, Erdnüssen und Sesam gemacht. Ein Rind trottet unermüdlich im Kreis und presst das Öl aus den Erdnüssen. Für drei Liter Öl muss der Ochse zwei Stunden laufen. Der Palmhonig wird gewonnen, indem man die männlichen Blüten der Pflanze abschneidet. Der austretende Saft wird aufgefangen und fängt von alleine in großen Krügen an zu gären. Diese Maische wird auf einfachste Weise gebrannt. Auch werden hier sehr hübsche Gegenstände aus Palmenblättern hergestellt.

Der Mount Popa ist ein erloschener Vulkankegel, der sich aufgetürmt hat und spektakulär aussieht. Außerdem ist er die Heimat der offiziellen Nats, also der Geister. Als der Buddhismus eingeführt wurde, hat man versucht, die Nats auszurotten. Als das nicht ging, hat man 37 von ihnen in den Buddhismus integriert, die auf dem Mount Popa wohnen und unter Buddhas Oberhoheit aktiv sind. Parallel existieren aber weiterhin Tausende Nats im Volk. Um den Mount Popa zu erklimmen, muss man 777 Treppenstufen steigen, die voller Händler und diebischer Affen sind. Sämtliche religiöse Stätten müssen barfuß betreten werden, was am Ende des Tages für abenteuerlich dreckige Füße sorgt. Um dem abzuhelfen, gibt es hier viele Elendsgestalten, die gegen eine kleine Spende die Treppen putzen. Ich habe nur noch großes Geld und will von einem Treppenputzer mit einem dicken Geldbündel Wechselgeld haben. Ich überlege, wie ich das dem Mann verklickern soll. Das ist aber nicht nötig, denn er kann ziemlich gut Englisch. Ganz offensichtlich ein ehemaliger sogenannter Volksschädling, dem die Militärs die Zukunft zerhäckselt haben.

Oben auf dem Berg stehen die Nat-Schreine. Am besten gefällt mir der Nat Boe Ming Khang. Das war ein Mönch, der vor noch nicht allzu langer Zeit gestorben ist oder auch nicht, so genau weiß das keiner. Buddha wird in etwa 30.000 Jahren als Mettheya wiedergeboren. Und das will dieser Boe Ming Khang ebenfalls erleben. In seiner jetzigen Inkarnation. Er hat also fleißig meditiert und sich immer öfter entmaterialisiert.

Irgendwann war er ganz weg. Er hat sich aber im Nat-Reich, in dem er sich jetzt befindet, den Wecker gestellt, damit er rechtzeitig in seinen Körper zurückkehren und die Ankunft Buddhas erleben kann. Für diesen Fall hat man ihm schon mal ein Bett aufgestellt, bezogen mit Hello-Kitty-Bettwäsche.

Nats können beschworen werden. Dazu benötigt man Nat-Bräute, sogenannte Nat Gadaungs. Die Nat Gadaungs können auch Männer sein, müssen sich aber als Frau verkleiden. Irgendwann fängt der Nat an, sich durch die Nat Gadaung zu manifestieren. Gute Nat Gadaungs schaffen es, diesen Effekt zu multiplizieren und sich die Nats durch viele Personen manifestieren zu lassen. Alles, was sie nun tun oder sagen, unterliegt nicht ihrer Verantwortung, sondern ist Nat-gesteuert. Man kann also ungestraft die Sau rauslassen. Dieses gesellschaftliche Ventil ist sehr wichtig und so ähnlich wie bei uns der Karneval, nur dass Nat-Zeremonien im Schnitt viel häufiger stattfinden. Gute Nat Gadaungs werden hoch verehrt und sind steinreich.

Heute Nachmittag haben wir frei und ich habe endlich Zeit, Dinge aufzuschreiben, zu denen ich bisher nicht gekommen bin.

Zum Bildungswesen: Das gibt es nicht. Die Militärs haben ganze Arbeit geleistet. Hier spricht kaum jemand Englisch, obwohl sich das gerade ändert. Fremdsprachen führen angeblich dazu, dass Leute blöde Ideen bekommen. Und so gelang es den Machthabern, in einer ehemals englischen Kolonie die Englischkenntnisse auszurotten. Universitäten hielten sie ebenfalls für eine subversive Idee. Deswegen waren sie in den letzten fünfzig Jahren meist geschlossen. Oder mit Restriktionen belegt. Zum Beispiel wurde die Anzahl Bücher beschränkt, die ein Student besitzen durfte. Ein Ort jedenfalls, an dem Ideen getötet wurden. Dadurch wurde das Land wissensmäßig fast in die Steinzeit katapultiert, und nun fehlen zwei Generationen Ärzte, Lehrer, Ingenieure, Juristen. Diesen Zustand zu verändern wird sehr schwierig werden, denn es gibt keine Lehrer, die jemandem etwas beibringen könnten, und so schlägt das Elend bis auf die Grundschulen durch. Aber es gibt auch weder genug Räume, noch genug Schulbänke noch genug Lehrmittel. Das Land muss bei null anfangen. Es muss jetzt aus dem Nichts ein funktionierendes Schul- und Ausbildungswesen zaubern, wenn es Anschluss an die Zukunft will. Entwicklungshilfe nützt nur bedingt, weil die Lehrer ja Burmesisch können müssen.

Die Leute sind aber außerordentlich motiviert. Im Tourismus sieht man hauptsächlich Frauen, die Gruppen in deren Muttersprache führen. Was ich so auf Englisch, Spanisch, Französisch gehört habe, machte durchaus einen soliden Eindruck. Auch Japaner und Chinesen machen den Eindruck, als würden sie gut folgen können. Und über die Sprachbegabung der fliegenden Händler braucht man kein Wort zu verlieren.

Sylvester feiern wir im Hotelgarten. Außer uns ist noch eine Gruppe Japaner da. Der Reiseleiter möchte uns eine CD mit einem Märchen vorspielen, das auf die Reise nach Nirwana abhebt. Wir sollen in uns gehen und zuhören. Die Japaner staunen über eine große Gruppe, die mucksmäuschenstill, ohne Getränke und alles, in der recht kühlen Abendstille einer Stimme mit sehr sparsamen Soundeffekten lauschen – aber danach wird aufgedreht. Es gibt Musik, Getränke und Tänze mit den Hotelangestellten. Ansonsten bleibt es still. Neujahr wird hier nicht gefeiert. Unser Kalender spielt nur eine untergeordnete Rolle. Das buddhistische Neujahr wird im April gefeiert und die Buddhisten sind uns zeitlich voraus, befinden sie sich doch schon etwa im Jahr 2500.

1. Januar 2013

Sensationelle Pagoden nonstop

Als Neujahrsgeschenk hat Ko Ko für jeden von uns einen Schlüsselanhänger mit Bildern von Aung San Suu Kyi. Ich sage ihm, dass er wohl viel von ihr halte und er verfällt in eine quasireligiöse Verzückung. Er sagt, es reiche, ihr Gesicht zu sehen, um Kraft, Hoffnung und Zuversicht zu schöpfen, dabei rollt er mit den Augen vor Glück. So geht es offensichtlich vielen Burmesen. Die Militärs allerdings hassen sie so wie andere sie lieben und lassen nichts unversucht, um sie zu diskreditieren, aber sie hat mittlerweile einen Status zwischen Heilige und Popstar, dem so leicht nichts etwas anhaben kann, obwohl das Heiligenbild erste Risse bekommt.

Wir fahren zum Ananda-Tempel. Dieser befindet sich außerhalb der Stadtmauern Pagans und ist ein Juwel. Die vier Buddhastatuen verändern faszinierenderweise ihren Gesichtsausdruck von streng nach lächelnd, je nachdem, in welcher Entfernung man guckt. Außerdem wird in unzähligen Nischen das Leben Buddhas nachgestellt. In den größten Nischen wird die Zeit vor seiner Zeugung bis zu seiner Geburt dargestellt. Man sieht die Träume seiner Mutter, und wie diese schließlich dadurch befruchtet wird, dass ein weißer Elefant seinen Rüssel auf ihren Bauch drückt. Wir sehen die Entwicklung der Schwangerschaft, bis Buddha schließlich aus der Hüfte seiner Mutter geboren wird.

Die goldene Kürbispagode ist die nächste. Sie heißt so, weil sie kürbisförmig aussieht. Danach folgt ein Spaziergang am Fluss Irawaddy entlang. Dort stehen sehr einfache Hütten. Die Menschen fristen ein kärgliches Dasein durch Fischfang und die Verladung von Flusskieseln. Es folgen nochmals zwei Pagoden mit besonderen Merkmalen, die ich aber durch einen eintretenden Info-Overkill nicht richtig mitbekommen habe.

Nachmittags ist die Dammayazhika-Pagode dran, und die finde ich sensationell. Sie hat nämlich nicht den klassischen Grundriss aller Pagoden: vier Eingänge, für die vier Buddhas dieses Äons. Ein Äon umfasst einen ziemlich langen Zeitraum, etwa 150.000 Jahre. Dieser Äon wird wohl noch 30.000 Jahre dauern, dann fängt ein Neues an und der erste Buddha dieses neuen

Äons ist der Buddha Mettheya. Die Dammayazhika-Pagode ist nun sehr vorausschauend als Fünfeck mit einem Extra-Eingang für diesen kommenden Buddha gestaltet.

Danach gehen wir in ein Dorf, das damals, als das Areal als Touristenattraktion ausgewiesen wurde, nicht umgesiedelt wurde. Man zeigt uns Webarbeiten. Meistens handelt es sich um bunt gestreifte oder karierte Stoffe mit Mustern. Viele Einwohner wissen, was Touristen gerne fotografieren wollen und zeigen ihnen dies auch, hinterher wollen sie aber einen Euro dafür. So ist es eigentlich eher ein Freilichtmuseum mit Fotogebühr. Schön ist es trotzdem. Bezüglich der Webarbeiten ist das Dorf allerdings völlig autark. Die Bewohner bauen Baumwolle an, spinnen, färben, weben sie und verkaufen die fertigen Produkte.

Es geht weiter mit den Pagoden, von denen einige Mitreisende nicht genug kriegen können, aber dazu gehöre ich nicht. Leicht abgeschlafft schlappe ich mit, aber nichts fesselt mich so, dass es sich lohnen würde, es vom Kurzzeit- ins Langzeitgedächtnis zu überführen, zumal ich mir auch keine Notizen mehr machen will.

Madame Gelbe Blume ist immer noch dabei, ihr Personal auf Kurs zu bringen und versucht alles, um uns zufriedenzustellen. Deswegen führt das Hotelpersonal nach unserer Rückkehr eine kleine Tanzshow auf. Es ist schon dunkel und die Tänzer haben Kerzen in den Händen, mit denen sie leuchtende Kreise zeichnen. Ein Schauspiel, das jegliche Unzulänglichkeit vergessen lässt.

2. Januar 2013

Über und unter den Wolken

Für mich heißt es wieder, um fünf aufzustehen, weil ich mit einer Handvoll Leute eine Ballonfahrt mache. Wir werden von einem uralten Bus aus Teakholz abgeholt, der noch aus der Zeit des Zweiten Weltkriegs stammt. Diese Busse haben die Engländer noch aus der Kolonialzeit zurückgelassen, und der Ballonveranstalter hat sie aufgemöbelt und lässt uns mit diesen siebzig Jahre alten Monstern durch die Gegend kutschieren. Als es langsam hell wird, sind die Ballons alle aufgeblasen und startbereit. Ich sitze in einem riesigen Korb mit sechzehn Leuten. Dadurch kann man sich nicht drehen, sondern muss an seinem Platz stehen bleiben, was die Aussicht einschränkt. Allerdings kompensiert der Pilot das dadurch, dass er den Ballon sich um die eigene Achse drehen lässt. Es sind etwa zehn Ballons am Start, die sich gegenseitig immer wieder die Sicht nehmen. Aber das wird noch viel schlimmer werden. Die Ballonfahrerei ist ein Bombengeschäft, und die Ausweitung des Business ist beschlossene Sache. Das Zeitfenster für den Start ist jedoch sehr eng, weshalb es bei Sonnenaufgang dann immer ein Gedränge am Himmel geben wird. Mich haben die vielen anderen Ballons gestört, andere wiederum fanden es toll, auf die anderen Ballons zu gucken. Wir fahren zunächst über den Ort (ein Ballon fliegt nicht, sondern er fährt). Der Pilot fordert uns auf, uns das alles anzugucken und uns dann nie mehr über unsere Lebensbedingungen zu beschweren, womit er völlig recht hat. Unter uns Bambushütten ohne Wasser oder Strom, beengte Wohnverhältnisse, knappes und einfachstes Essen. Das Zusammenleben von Mensch und Tier sieht aus der Luft idyllisch aus, dürfte aber gesundheitlich problematisch sein. Dann sind wir, noch ziemlich niedrig, eine Weile am Fluss, wo ein Fischer unbeweglich auf seinem Boot steht. Als wir aufsteigen, schweben wir über dem Morgennebel, der die Landschaft in romantisches Licht taucht. Der Anblick von oben ist einfach gigantisch. Soweit das Auge blickt, grüne Bäume und terrakottafarbene Pagoden. Der Horizont wird durch Berge begrenzt, aber auf einer Seite schlängelt sich vor den Bergen noch der Irawaddy durch. Der Pilot fährt immer ziemlich dicht an die eindrucksvollsten Pagoden heran, sodass wir tolle Bilder bekommen. Ich freue mich sehr, dass wir an der Dammayazhika-Pagode vorbeikommen, deren fünfeckige Struktur man aus der Luft sehr schön erkennen kann. Nach der Landung bekommen wir ein Glas Sekt gereicht, dann rumpeln wir wieder mit den Uraltbussen in unsere Hotels. Insgesamt ein sehr schönes, aber teures Vergnügen.

Wir nehmen Abschied von Pagan und machen uns mit vielen Zwischenstopps auf den Weg nach Mandalay. Mit einem Boot voller bequemer Liegestühle tuckern wir nach Pokokke. Eigentlich sollte die Bootsfahrt knapp drei Stunden dauern, aber der Irawaddy ist ein wilder Fluss, der sich noch so bewegen darf, wie es ihm passt. Der Blick zurück auf Pagan ist schön, vor ein paar Jahrhunderten muss er einfach überwältigend gewesen sein, als die Zahl der Pagoden dreimal so hoch war und diese mit Stuckarbeiten, Schnitzereien und Gold versehen waren. Auf der einen Seite des Flusses befinden sich endlose Sandbänke, die während der Regenzeit überflutet sind, während auf der anderen Seite Steilfelsen sind. Sie sehen ganz unberührt aus, auf dem einen oder anderen steht eine Pagode.

Immer wieder begegnen uns Lastkähne, voll beladen mit Tropenholz. Diesen Anblick kann ich kaum ertragen. Die Sandbänke haben es in sich, und der Kapitän muss im Zickzack fahren. Immer wieder drosselt er massiv die Geschwindigkeit, und die Matrosen müssen mit Stangen die Wassertiefe messen. Ungezähmtes Gewässer eben. Das wird sich aber bald ändern, weil die Chinesen an der Quelle einen riesigen Stausee bauen wollen. Das ist unter anderem deshalb keine gute Idee, weil noch nicht mal 100 Kilometer davon entfernt zwei bewegungsfreudige Kontinentalplatten aneinanderstoßen. Wenn der Staudamm dann beim Erdbeben brechen sollte, würde die Flutwelle alle wichtigen Städte und große Teile des Landes vernichten.

Mit erheblicher Verspätung kommen wir in Pokkoke an. Obwohl Pokkoke etwa 200.000 Einwohner hat, gibt es keinen Anlegesteg. Der Kapitän fährt an die Botanik heran, die Matrosen schlagen zwei Bambusstangen in den Boden ein,

Seile drum, Bretter ausgelegt, und mithilfe diverser junger Männer steigen wir an Land.

Pokkoke ist ein riesiges Dorf mit ganz einfachen Häuschen, in dem einige moderne Glaspaläste, hauptsächlich Banken, wie Fremdkörper wirken. Neben unserem Busparkplatz suhlen sich Schweine, sie können hier noch Tageslicht und Ansprache bekommen und sich ihrer Natur gemäß verhalten. So schwer die Lebensbedingungen für Menschen hier sind: Würde ich als Nutztier zur Welt kommen, würde ich mir wünschen, in Burma zu leben.

Wir gehen in ein Lokal und nehmen unser Mittagessen schnell ein. Der Busfahrer hat den Auftrag, Gas zu geben, aber das geht in Asien einfach nicht. Entweder sind die Straßen überfüllt oder schlecht. Oder beides. Wir haben noch ein ordentliches Stück Weg vor uns. Schließlich wartet noch der größte Stehende Buddha samt Buddhafeld auf uns, und dann wollen wir noch zur Thanbodi-Pagode, in der sich annähernd 600.000 Buddha-Statuen befinden sollen und die so kitschig sein soll, dass sie schon wieder gut ist. Aber wir werden in die Dunkelheit kommen, was wiederum nicht gut ist. Was wiederum die Schuld der Ballonfahrer sein soll. Die Stimmung wird ungut, aber glücklicherweise legt sich das bald.

Wir gucken uns den größten Stehenden Buddha (140 Meter hoch) an und den potenziellen größten Liegenden Buddha (ein ellenlanger Steinblock, von dem nur die riesenhaften Füße fertig sind). Rundherum stehen jede Menge gestifteter Buddhas, von denen für jeden ein Banyan-Baum gepflanzt wird. Dann wird es schon dämmrig und die Kitschpagode schließt ohnehin. Einer unserer Busfahrer ruft in der Pagode an und schafft es, die Kassierer zu überreden, den Tempel länger offenzulassen. Diejenigen, die gerne fotografieren möchten, motzen. Es ist schon zu dunkel für gute Bilder. Wir kommen an der Thanbodhi-Pagode an, die eine Kitschorgie vom Allerfeinsten bietet. Ich bin begeistert. Eine Mischung aus Disneyland und Zuckerbäckerstil. Genau, als wir den Tempel betreten wollen, legt ein Stromausfall alles lahm. Also war's nichts. Wir dürfen aber am nächsten Tag ohne nochmals zu zahlen wiederkommen. Dann fahren wir weiter nach Monywa. Eine gesichtslose Stadt, in der wir lediglich übernachten.

3. Januar 2013

Religiöser wird's nicht

Aufstehen um fünf, denn wir müssen schließlich den gestrigen Tempel nachholen. Zunächst fahren wir aber zu den Sandsteinhöhlen von Hpo Win. Dazu nehmen wir einen kleineren einheimischen Bus, da die Strecke für unseren schönen Bus zu schlecht ist. Der Ersatzbus ist mit Rüschen, Gardinchen und religiösen Bildchen dekoriert. Der Fahrer fährt so, als würde er den göttlichen Kräften die Verantwortung für das Gelingen der Fahrt übertragen. Es geht über wackelige Brückchen, die mir den Schweiß ausbrechen lassen, obwohl das lediglich ein Symptom für mein mangelndes Gottvertrauen ist. Aber Gott meint es gut mit uns und wider meines Erwartens stürzt keine Brücke ein. Wir fahren durch ein Kupferabbaugebiet, das eine zerstörte Mondlandschaft hinterlassen hat. Ein paar Sonnenblumenfelder kommen noch, dann wird's vollends verlassen und karg.

Wir gelangen zu den Sandsteinhöhlen. Über vierhundert in den Sandstein getriebene Höhlen laden zur Meditation ein. Nicht nur deren Eingänge sind sehr reich verziert, sondern auch die Höhlen selber sind mit religiösen Szenen bemalt. In ein paar Jahren wird kein Mensch mehr die Höhlen betreten dürfen, weil die Malereien viel zu wertvoll sind, um jeden reinzulassen. Aber wir dürfen vorläufig alles.

Hier gibt es auch Affen und Frauen, die Affenfutter verkaufen. Heikle Geschichte, denn die Leute, die Futter kaufen, werden von den Affen angesprungen. Davon abgesehen, dass sie nicht sehr gesund aussehen, haben sie ein schreckliches Gebiss.

Es geht weiter zu einer Schlucht, in der eine Stadt in den Fels gehauen wurde. Zwar nicht so elaboriert wie in Petra, aber doch insgesamt alles in allem sehr beeindruckend. Dann brettert der Gardinchenbus wieder zurück und unser feuerroter Bus bringt uns zum Kitschtempel. Jetzt können wir alles gemütlich begutachten und fotografieren. Diese Pagode ist ganz anders als alle anderen Pagoden und geschmacksmäßig so abgedreht, dass sie schon wieder richtig gut ist. An bunten Gebäuden im Zuckerbäckerstil befinden sich nicht nur Verzierungen und Buddhas in Hülle und Fülle, sondern auch Friese, wo knallbunte Figuren Szenen aus dem Leben darstellen – bis zum heutigen Tage. So werden historische Dschingis-Khan-Krieger und Anzugträger mit Aktentasche gemeinsam dargestellt.

Wir haben nun eine lange Fahrtstrecke vor uns und werden nicht zu Mittag essen, weil es auf der Strecke kein vertrauenswürdiges Restaurant gibt. Deshalb decken wir uns auf einem kleinen Markt mit Proviant ein: Mandarinen, einer Art ortsüblicher Erdnussflips und einem Obst, das laut Ko Ko Pflaumen sein soll. Es sind grüne, pflaumengroße Früchte, die der Konsistenz und dem Geschmack nach Äpfel sind und einen Pflaumenkern haben. Außerdem lässt Ko Ko mir eine Betelnuss zusammenstellen. Mit Kalk, Betelnuss, Lakritze und einigen guten Kräutern für die Gesundheit. Ich kaue los und bekomme sofort wildes Herzklopfen. Geschmacklich ist sie für mich keine Offenbarung, eher etwas zum Abgewöhnen. Scharf und bitter, trotz Luxusausführung. Kurz danach fühle ich mich ziemlich schlaff.

Wir kommen zu den Heiligen Bergen von Sagaing. Hier stehen viele Meditationsschulen für gestresste Westler. Man kann sogar ein Meditationsvisum beantragen. Der erste Punkt ist die Kaungmudaw-Pagode, der größte massive Ziegelbau der Welt. Sie hat eine außergewöhnliche Form. Der Legende nach gab der König eine Pagode in Auftrag und war dann mit Krieg und ähnlichen Dingen beschäftigt. Der Baumeister fragte also die Königin, wie die Pagode aussehen solle und die Königin sagte „So" und entblößte ihre sehr üppige und sehr wohlgeformte Brust. Und so sieht die Pagode tatsächlich aus. Natürlich wurden wieder Gold, Spiegelfliesen und Edelsteine ohne Ende verwendet.

Wir steigen in Pickups um und fahren in die Hügel von Sagaing, wo es Hunderte von Pagoden gibt. Wir schauen zwei davon an. Danach besuchen wir ein Nonnenkloster. Buddhistische Nonnen scheren sich, genau wie die Mönche, den Kopf. Haare verlangen zu viel Aufmerksamkeit, also weg damit! Nonnen und Mönche leben unter gleichen Bedingungen, mit dem Unterschied, dass die Frauen sich ihr Essen nicht erbetteln müssen. Die Nonnen sammeln sich zum Gebet. Eine Katze schleicht durch den Raum und schmust mit den Touristen. Ein kleines Nönnchen, vielleicht sechs oder sieben Jahre alt, rezitiert mit ungeheurer Inbrunst das Gebet mit der Bitte darum, dass alle Wesen glücklich sein mögen. Die Oberin kommt. Sie muss gestützt werden und hört nicht mehr gut. Ansonsten ist sie aber gut drauf. Sie ist schon 96 Jahre alt.

Zum Schluss besuchen wir noch eine Schnitzerei und Stickerei. Es ist der helle Wahnsinn, was dort geboten wird und welch künstlerisch wertvolle Arbeiten hier entstehen. Was die Schnitzer einem Stück Holz für vielschichtige Geschichten zu entlocken vermögen! Was man mit Nadel und Faden für heiße Storys auf einen Stoff bannen kann!

Wir kommen in Mandalay an. Eine ziemlich westliche wirkende und quirlige Stadt mit Flair. Sie ist kaum größer als Pokokke, aber es ist eine völlig andere Welt. Der Kaiserpalast besticht durch seine Größe. Er befindet sich genau in der Stadtmitte und nimmt ein Quadrat von zwei mal zwei Kilometern ein. Vom Palast ist so gut wie nichts übrig. Was Eindruck schindet, ist die imposante Mauer mit dem breiten Wassergraben drumherum. Wir beziehen in der Nähe des Palastes ein vorzügliches Luxushotel, denn in Mandalay gibt es keine Mittelklasse. Entweder miese Absteige oder Luxuskasten.

4. Januar 2013

Eine Woche in einen Tag gepackt

Gegen fünf falle ich vor Schreck fast aus dem Bett und glaube zuerst an einen Feueralarm oder etwas Ähnliches, aber es ist nur ein Muezzin, der mit erheblicher Lautstärke verlangt, Allah groß zu finden. Ich döse wieder ein, denn heute ist ausnahmsweise mal ein Ausschlaftag. Um acht brechen wir auf. Wir besichtigen das Shwenandaw-Kloster, einem Holzbau aus Teak, der schon über 150 Jahre auf dem Buckel hat, aber immer noch ziemlich neu aussieht. Es ist eben einfach fantastisches Holz.

Dann kommen wir zur „Größten Bibliothek der Welt", dem Pali-Kanon, der buddhistischen Bibel, wenn man so will. 729 riesige Marmortafeln sind auf Vorder- und Rückseite beschrieben. Jede Tafel steht in einer eigenen Pagode. Die Übertragung in Buchform ergab 38 Bände zu je 400 Seiten. Über 200 Steinmetze haben mehr als sieben Jahre an diesen Tafeln gearbeitet. Immer wieder denke ich, jetzt haben wir so viele tolle Dinge gesehen, die eigentlich nicht mehr steigerungsfähig sind, und dann kommen solche Klöpse! Diese Bibliothek mit ihren zahllosen weißen Pagoden beeindruckt mich wirklich!

Als Nächstes steht die Kyautawgyi-Pagode auf dem Programm, die von einem Buddha geziert wird, der aus einem einzigen Marmorblock von 500 Tonnen Gewicht gehauen worden ist.

Es schließt sich ein Besuch in einer Blattgold-Werkstatt an. Blattgold ist hier sehr beliebt und wird in allen Pagoden verkauft, damit die Gläubigen dieselben verschönern können. Und hier treffen wir wieder so arme Schweine wie die Sänftenträger: die Goldschläger. Mit einem Riesenhammer und viel Kraft stehen sie in Reih und Glied an der Wand und schlagen das Gold. Acht Stunden am Tag, sechs Tage die Woche, für einen Stundenlohn von 25 Eurocent. Ich würde den Hammer wohl nach drei Schlägen entkräftet sinken lassen.

Eine Unze Feingold wird maschinell so lange gewalzt, bis sie in etwa die Konsistenz von Alufolie hat. Diese wird in nagelgroße Stücke geschnitten, zwischen besondere Schichten Bambuspapier gewickelt, gestapelt, mit Hirschleder umwickelt und geschlagen, eine halbe Stunde lang. Dann wird das Päckchen wieder ausgepackt, die Goldblätter zwischen größere Papiere gelegt und noch mal eine halbe Stunde geschlagen. Das dann entstandene Blatt wird in Sechstel geteilt, jedes Sechstel erneut eingepackt und abermals geschlagen, diesmal aber fünf Stunden. Die Arbeiter haben Wasseruhren, um zu wissen, wann ihr Gold fertig ist. In einer Schüssel Wasser schwimmt eine Kokosnussschale mit einem kleinen Loch und läuft langsam voll. Wenn die Kokosnuss versunken ist, ist die Zeit um. Die Uhr dient aber nur der Sicherheit, denn ein guter Goldschläger hört angeblich, wenn das Gold fertig ist. Die Unze Feingold hat sich nun in eine Fläche von etwa zwölf Quadratmeter verwandelt. Damit ist das Gold noch verhältnismäßig dick, etwa ein zehntausendstel Millimeter, aber es muss ja auch für die groben Finger der Gläubigen geeignet sein. Fachleute arbeiten mit Goldblättern, die noch dünner sind.

Wir tuckern mit dem Boot zur alten Königsstadt Mingun. Auch hier, im glitzernden Mandalay, ankern die Boote mittels Bambusstange mitten in der Botanik. Trotz der Armut in Burma sieht man allgemein wenig brutales Elend. Bei aller Not ist normalerweise alles sauber und ordentlich. Nicht so an diesem Hafen. Hier sieht es aus wie in Indien. Die Bettlermassen stürzen auf uns zu. Ich werde, ohne dass ich mich wehren kann, ausgibig von einem kleinen Jungen betastet, der sehr mager ist und eine üble Hautkrankheit hat. Einerseits tut er mir sehr leid, andererseits ekle ich mich zu Tode, zumal ich die nächsten Stunden keine Waschmöglichkeit haben werde.

Die Bootsfahrt ist schön. Am Strand von Mingun stehen Ochsenkarren und warten als Taxis auf Kundschaft. Jedem, der sie fotografiert, knöpft der Besitzer einen Euro ab. Hier steht die größte unvollendete Pagode der Welt. Davon ist nur der Sockel fertiggestellt worden, aber der ist wirklich beeindruckend und schon von Weitem zu sehen. Irgendwann hat der Staat überlegt, ob er diesen Größenwahnsinn fortsetzt, doch nachdem ein Erdbeben den Sockel gespalten hat, waren alle Pläne hinfällig. Für diese Pagode ist auch die größte klingende Glocke der Welt gegossen worden. Der Baumeister wurde umgebracht, damit er keine noch tollere Glocke machen könne.

Weiterhin befindet sich hier die Hsinbyume-Pagode, die wie eine riesige, dekorierte Sahnetorte aussieht und von einem König zu Ehren seiner verstorbenen Frau gebaut worden ist. Die Pagode symbolisiert den Berg Meru, das Zentrum der Welt.

Wir bummeln die sehr friedliche Dorfstraße mit zahlreichen, schönen Kunstgalerien zurück.

Das Boot fährt uns während des sehr stimmungsvollen Sonnenuntergangs wieder nach Mandalay.

5. Januar 2013

Gold, wohin man blickt

Unser Hotel hat zwar ein Schwimmbad, aber zum entspannten Nachmittag am Pool komme ich nicht. Entweder bin ich auf Achse, mache mir Notizen oder bin k. o. So auch an diesem Morgen, wo ich es gerade so schaffe, zur Abfahrt des Busses fertig zu sein. Die Mahmoudi-Pagode steht auf dem Programm. Es handelt sich um eine Buddha-Statue, für die Buddha höchstselbst Modell gesessen haben soll. Sie wird von der Bevölkerung heiß verehrt und zum Zeichen dafür über und über mit Blattgold beklebt. Frauen dürfen nicht in den Dunstkreis dieser Statue, doch netterweise dürfen sie über Fernsehmonitore mitverfolgen, wie die Herren der Schöpfung das Blattgold aufbringen. Die Statue ist ein unförmiges, warziges Monster, weil schon so viel Gold aufgebracht worden ist. Es gibt verschiedene Schätzungen darüber, wie viel Gold es ist, aber in jedem Fall sind es mehrere Tonnen. Eine ganze

Reihe Gläubige putzt mit Inbrunst, Wasser und Seife die Pagodenhöfe. Das gibt gutes Karma. In der Regenzeit wird die Statue täglich gebadet, bekommt die Zähne geputzt und einen Mantel angezogen.

Um die Pagode herum gibt es unzählige Devotionaliengeschäfte. Wir machen Station bei Gongstimmern. Sie haben ein Xylophon, mit dem sie den Ton anschlagen und mit ihrem Buckelgong vergleichen. Der Buckelgong hat in der Mitte eine halbrunde Ausbuchtung, die so groß ist, dass man den Gong auch als Eierbecher verwenden könnte. Wenn der Ton nicht stimmt, wird so lange behutsam auf dem Gong herumgehämmert, bis der Ton stimmt. Faszinierend!

Danach sind wir beim Steinmetz zu Besuch. Auch hier treffen wir auf arme Schweine von der Kategorie Sänftenträger. Die Männer arbeiten mit grässlich lauten Maschinen ohne Augen- oder Mundschutz und sind durch den vielen Staub schon selber so weißgrau wie ihre Statuen.

Wir steuern die untergegangene Königsstadt Amarapura an. Dort befindet sich das Kloster Mahagandhayon, welches als die beste Ausbildungsanstalt für Mönche gilt. Bald gibt es Mittagessen, und so viele Touristen wollen zuschauen, dass Gedränge entsteht. Etwa 1000

Mönche marschieren mit ihren Opferschalen auf und lassen sich von den Stadtbewohnern gespendeten Reis geben. Ins Refektorium dürfen wir nicht, aber einen Blick können wir trotzdem riskieren. Es gibt Riesentische, auf denen die Mönche im Schneidersitz sitzen. Darauf steht noch jeweils ein kleiner, niedriger Tisch, an dem sie essen. Nach dem Essen spült jeder seine Opferschale, und dann heißt es Fasten bis zum nächsten Morgen, denn Mönche bekommen nur zwei Mahlzeiten: Morgens gegen vier und dann noch mal um die Mittagszeit. Das Essen erbetteln sie sich von den Bürgern. Wer also mehr Geld hat, als er zum unmittelbaren Überleben braucht, kocht für die Mönche. Jeden Tag. Ist dann immer noch Geld übrig, wird davon Blattgold oder Ähnliches gekauft, um die Pagode zu verschönern. Erst danach kann noch vorhandenes Geld für den persönlichen Konsum verwendet werden.

Nach dem Essen nehmen wir die Fähre über den Fluss Chindwin, um nach Inwa zu gelangen, der Hauptstadt des historischen Königreiches Ava. Dort ist es sehr dörflich. Wir nehmen Pferdekutschen zum Bagaya-Kloster und rumpeln gemütlich über staubige Wege, vorbei an Reisfeldern, Palmen, Bananen und goldglänzenden Pagoden. Das Kloster ist ein 150 Jahre alter

Teakholzbau und sehr gut erhalten. Da es auch eine wichtige Bildungsanstalt ist, haben wir für die jungen Mönchlein Schulhefte dabei. Die Kutsche bringt uns weiter zum Nanmym Wachturm, der seit Neuestem gesperrt ist. Schließlich steht noch das Kloster Maha Aung Mye Bozan auf dem Plan, das für seine üppigen und sehr fein ausgeführten Steinmetzarbeiten bekannt ist.

Als wir wieder in Amarapura zurück sind, fahren wir zur U Bein Teakholzbrücke, einer Fußgängerbrücke, die gut einen Kilometer lang ist und Teile des Taungthamansees überspannt. Da es sich um ein beliebtes Ausflugsziel handelt und Wochenende ist, ist der Teufel los. Hier geht man hin, um zu sehen und gesehen zu werden. Wir schauen Fischern bei der Arbeit zu. Entenhirten treiben ihre Wasservögel zusammen. Büffel baden und scheinen Spaß dabei zu haben. Ein toter Baum gibt dem Ganzen ein idyllisches Flair. Auf der Brückenmitte ist ein Abgang. Dort gehen wir herunter und nehmen Ruderboote, auf Wunsch mit einem kühlen Bier, um auf dem Wasser den Sonnenuntergang zu erleben. Burma ist das Land der tollen Sonnenuntergänge. Die Stimmung ist zauberhaft und ich bin richtig glücklich.

6. Januar 2013

Es wird kalt

Heute ist ein nahezu reiner Fahrtag. Morgens gehen wir zum Schlangentempel, dessen Namen ich nicht weiß und der in keinem Reiseführer aufgeführt ist. Jedenfalls leben dort vier Pythons. Die Schlange wurde bereits in vorbuddhistischer Zeit als aus der Erde kommende Hüterin des Lebens verehrt. Außerdem wird Buddha von einer Kobra beschützt, wie man in vielen Tempeln sehen kann. Hier liegen also leibhaftige Pythons herum, zwei nicht mal eine Armlänge entfernt. Auf ihnen liegen Spendengelder, wobei es sich stets um Scheine handelt, denn in Burma gibt es kein Münzgeld. Eine weitere Schlange hat es sich in Buddhas Krone gemütlich gemacht und sich beeindruckend darin verschlungen.

Es geht weiter. Wir treffen Landarbeiter. Sie pflanzen Zwiebeln und verbringen deshalb den ganzen Vormittag in der Hocke. Dafür verdienen sie 25 Eurocent die Stunde, was hier ein ganz akzeptabler Lohn ist. Die Felder sind sehr ausgeklügelt angelegt, um über ein ausgefeiltes Bewässerungssystem genügend Feuchtigkeit für ein gutes Gedeihen der Pflanzen zu erhalten.

Die Landschaft wird immer staubiger und steppenartiger. Wilder Westen mit Agaven mitten in Burma! Damit hatte ich wirklich nicht gerechnet. Wir nehmen windungsreiche Bergstrecken in Angriff, oder lassen diese vielmehr von unseren ganz ausgezeichneten Busfahrern nehmen. Hier wachsen kaum noch Bäume. Stattdessen hat sich überall Bambus als Pionierpflanze breitgemacht, der seinerseits von einer Schlingpflanze überwuchert wird, sodass das erdrosselte Bambusgerippe aus dem Schlingpflanzenteppich herausschaut. Wir fahren weiter und erfahren einige Dinge über Burma. In vieler Hinsicht hat das Land ganz miserable Indizes, beispielsweise in puncto Gesundheit. Ärzte oder Krankenhäuser gibt es so gut wie gar nicht. Das Volk wird von traditionellen Heilern versorgt. Sozialwesen gibt es auch nicht. Wenn die Familie etwas nicht auffangen kann, ist eben Schluss. Dafür, dass die Lage so schlecht sein soll, wirkt die Bevölkerung erstaunlich heil. Das Land überrascht wie gesagt durch Sauberkeit und Ordnung, wahre Verwahrlosung sieht man selten. Die Burmesen müssen schon ein starkes Volk sein, dass sie so schlechte Zeiten ohne deutlich sichtbare Schäden überstanden haben.

Wir sind sehr gut durchgekommen und erreichen dadurch Kalaw auf dem Shan-Plateau zwei Stunden früher als vorgesehen. Wir haben also zwei Stunden Freizeit! Sowohl die Stadt als auch die Bevölkerung haben einen nepalesischen Einschlag. Kleine, bunt dekorierte Holzhäuschen umgeben von Bergen und Tannenwäldern. Viele Bewohner tragen Mützen oder kunstvoll drapierte Tücher um den Kopf. In unseren Reiseunterlagen wird Kalaw als Ort angegeben, wo man einen warmen Pulli haben sollte.

Der Reiseleiter sagt, dass es ziemlich kalt werden wird und man alle warmen Sachen herausholen sollte. Als die Sonne untergegangen ist, stellt sich das als gelinde Untertreibung heraus. Es ist saukalt! Und nirgendwo geheizt. Untenrum laufen die Einheimischen nach wie vor in den ortsüblichen Longyis (dünne karierte Baumwolltücher, die um die Taille geschlungen werden) und Flip-Flops herum, obenrum tragen sie eine dicke Jacke, viele auch eine warme Mütze und einige sogar Handschuhe. Ich habe zwar mein dickstes Zeug an, aber über Stunden halte ich es nicht aus, ohne erbärmlich zu frieren.

Das Restaurant hat zu meinem größten Erstaunen burmesischen Wein. Dass Reben in dieser geografischen Region wachsen sollen, haut mich um. Da ein Winzerehepaar unter uns weilt und ein sehr wohl-wollendes Urteil abgibt, wollen wir am nächsten Tag den Besuch eines nahe gelegenen Weingutes einschieben. Ich bin froh, als wir gehen. Mir ist einfach zu kalt. Die Betten haben wie üblich eine dünne Wolldecke, doch im Schrank liegen tonnenschwere warme Decken. Warm und erdrückt liege ich im Bett, obwohl der Abend noch jung ist.

7. Januar 2013

Verzauberte Spinnen, verfluchte Arbeiter

Morgens schlendern wir über den Markt von Kalaw, der trotz seines gewöhnlichen Angebotes sehr pittoresk ist. Erwachsene plaudern und verrichten an ihren Verkaufsständen alltägliche Arbeiten wie Nähen oder kleinere Reparaturen. Ich kaufe mir Medizin, weil meine Verdauung nicht ganz stabil ist und ich Zwischenfälle im Bus wirklich nicht brauchen kann. Die Apotheken sind winzig, aber es gibt alles zu kaufen, für einen Bruchteil der deutschen Preise. Und gutes Zeug, es hat sofort gewirkt.

Wir kommen zur Pindaya-Höhle. Diese Tropfsteinhöhle befand sich einst im Urwald, der durch Abholzung zur Steppe geworden ist. In dieser Höhle befinden sich über 8.000 Buddhas. In schreienden Farben ist davor die Figur eines Prinzen dargestellt, der mit Pfeil und Bogen auf eine riesenhafte, böse grinsende Spinne zielt. So zumindest beginnt die Sage. Nach dem Schuss fiel die Spinne aber nicht tot um, sondern verwandelte sich in eine schöne Prinzessin. Die Höhle ist sehr beeindruckend. Schmal und hoch. Das Dunkel und die goldglänzenden Buddhas. Einige Leute murmeln betend vor sich hin, was dem Ganzen eine geheimnisvolle Stimmung gibt.

Die Fahrt geht mühsam weiter. Wir legen heute nur relativ wenig Wegstrecke zurück, aber die Straße ist so schlecht, oder vielmehr die Bauarbeiten so umfangreich, dass wir teilweise nur im Schritttempo vorwärtskommen. Beim Straßenbau ist alles bis auf das Planieren Handarbeit. Steine werden sortiert und in immer feineren Schichten aufeinander aufgebracht. In längs aufgeschnittenen Blechtonnen kokelt auf Holzfeuer der Teer vor sich hin. Ohne irgendwelche Schutzvorrichtungen wird der Teer in eine Art Gießkanne eingefüllt, mit dem dann die BauarbeiterInnen schnell über die Steine rennen und Streifen um Streifen, Schicht um Schicht, aufbringen.

Nachmittags kommen wir an den Inle-See. Kaum dass wir unsere Zimmer bezogen haben, machen wir uns auf zum Weingut. Dieses liegt am Berg. Dort wachsen die Reben. Im Tal wächst das Zuckerrohr, das mit seinen weißen, fedrigen Rispen sehr schön aussieht. Dahinter liegt der See, der von Bergen gesäumt wird, hinter denen die Sonne untergeht. Die ideale Kulisse. Um sie schön genießen zu können, gibt es eine Aussichtsterrasse. Das Weingut gehört einem Burmesen und wird von einem Franzosen geführt. Die Anlage ist vom Feinsten. Der Besitzer hat weder Mühen noch Kosten gescheut, um die allerneuesten und ausgefeiltesten Geräte nach Burma bringen zu lassen. Eine Liebhaberei, denn der Ertrag ist ziemlich gering. Beim Panoramablick machen wir eine Weinprobe. Die Weine sind nicht mein Fall, obwohl sie qualitativ gut sind, sagen unsere Fachleute. Doch die Stimmung hoch überm See ist unbezahlbar. Wir sitzen eine ganze Weile gemütlich beisammen, bevor wir gehen.

Da unser Durchmarsch durch das Land eher einer Flucht als einer Reise gleicht, hatte ich es bisher auf den Reiseplan geschoben, dass wir nach dem Abendessen unverzüglich aufgestanden und gegangen sind. Aber das ist hier so üblich. Wenn Gäste trödeln, scheppert das Personal deutlich mit dem Geschirr, gähnt, fängt an, die Lichter auszumachen. Restaurants schließen üblicherweise um acht Uhr. Kneipen oder Ähnliches gibt es nicht. Touristen lässt man gnädigerweise bis neun gewähren, dann wird aber gescheppert. Nachtleben ist inexistent, allerdings vermisse ich es weiter nicht. Was ich hingegen sehr vermisse, ist Tee. Tee gibt es nicht. Oder vielmehr doch, denn der wächst sogar hier. Aber man kann ihn nicht bestellen. Es gibt immer ein Tässchen als Gratis-Dreingabe. Doch irgendwo hingehen und nur Tee trinken ist nicht üblich. Ich habe es versucht. Ich habe mir einen Liter Tee bestellt und ihn genüsslich getrunken. Geht doch! Doch der Gastwirt hat sich geweigert, mir den Tee zu berechnen. Geht also doch nicht, wenn man nicht ganz kaltschnäuzig ist.

Auch hier ist es so kalt, dass ich nicht einmal lesen mag. Jetzt hätte ich Zeit, meine Einträge zu vervollständigen, aber ich kriege die klammen Finger nicht auseinander. Natürlich decke ich mich mit zwei Bettdecken zu. Natürlich reicht mir das nicht.

8. Januar 2013

Um den See herum, aber zack, zack!

Im Morgengrauen nehmen wir in Fünfergruppen die hier üblichen schnellen Langboote, um den Tag auf dem See zu verbringen. Es ist kalt. Arschkalt. Doch die Kälte, die dem rückwärtigen Körperteil so zusetzt, sorgt für eine zauberhafte Stimmung. Nebel liegt über der Landschaft, der See dampft. Ich bin zwar dick eingepackt und habe mich auch in die Decke gewickelt, die im Boot liegt, aber in den letzten Tagen hatte ich immer wieder den Wunsch nach einem Ganzkörper-Thermoanzug. Während wir über den See brettern, geht die Sonne langsam auf. Dann sehen wir sie, die berühmten Einbein-Ruderer vom Inlesee, wobei diese Herren in ihren hübschen Trachten eine Show für Touristen inszenieren. Trotzdem schön. Sie benutzen einen Arm und ein um das Ruder geschlungenes Bein zum Rudern. Mit dem anderen Bein stehen sie auf dem Boot und mit der freien Hand können sie die Reuse halten. Insgesamt eine alles andere als triviale Gleichgewichtsübung.

Bald landen wir in einer Art geschützter Werkstatt. Hier arbeiten Padaung-Frauen. Das sind die Frauen mit den gewundenen

Messingspiralen. Durch die politischen Wirren haben diese Frauen ihre Heimat verloren. Während sie in Thailand als eine Art Zootiere gefangen gehalten wurden, können sie hier frei leben, aber von Touristen begafft werden sie auch hier. Durch ihren Halsschmuck haben sie Schluckbeschwerden, Bewegungsbeschwerden und ständig ein Zusatzgewicht von etwa zehn Kilo dabei. Hinlegen können sie sich mit diesem Schmuck nicht, sie müssen den Kopf auf einer Art Schemel ablegen. Es heißt immer wieder, dass die Frauen ihren Schmuck nicht ablegen können, ohne dass ihnen das Genick bricht. Das ist falsch. Der Schmuck kann sehr wohl abgenommen werden. Das ist aber mit viel Unwohlsein und Ehrverlust verbunden. Wann und warum dieser bizarre Umgang mit dem Schmuck begonnen hat, ist unbekannt. Es werden zwar immer weniger, aber dennoch gibt es Frauen, die sich diesen Schmuck freiwillig anlegen lassen, oft auch noch an Unterarmen und Waden. Ihr Geld verdienen sie mit schönen Webarbeiten. In diesem Zentrum gibt es jegliche Art von Kunsthandwerk. Die Preise sind gesalzen, aber der Überschuss kommt den Frauen zugute. Und ich bin nun Besitzerin einer neuen Kette aus Kokosschalen.

Eine Silberwerkstatt ist unsere nächste Station. Lässt mich einigermaßen kalt, den so was habe ich schon öfter gesehen. Bis ich plötzlich elektrisiert bin, weil ich Ohrringe sehe, die in einer Emailletechnik hergestellt werden, die schon als ausgestorben gilt, deren Name mir leider nicht bekannt ist. Diese Rarität gönne ich mir.

Nach einer weiteren kurzen Bootsfahrt kommen wir in den Urwald, in dem ein Pagodenfeld verborgen ist. Durch den Urwald fließt ein Fluss mit glasklarem Wasser, in dem die Menschen sich und ihre Sachen waschen, Kinder spielen und die Kleinsten unter lautem Protestgeschrei gebadet werden und aus Rache ins Wasser pinkeln. Das Pagodenfeld ist ein Mini-Pagan. Ich finde die Pagoden fabelhaft. Lauter kunstvoll geschmückte Eingänge, die von Grün überwuchert sind. Die perfekte Kulisse für einen Abenteuerfilm à la Indiana Jones. Dahinter aber lauter frisch gebaute, schmucklose, goldgestrichene Betonmonster. Ich bin einigermaßen entsetzt. Wieder eine unsachgemäße Restaurierung vom Feinsten. Es ist aber gar keine Restaurierung, sondern die Wiederherstellung der Pagodenfunktion mit modernen Mitteln. Wann immer ausreichende Spendengelder von

Gläubigen eingehen, werden die alten, funktionslosen Pagoden demoliert und an ihrer Stelle neue Pagoden errichtet. Ein Umdenken, das den Erhalt der alten Substanz Wichtigkeit einräumt, kommt erst ganz behutsam in Gang. Immerhin haben die Kronen der neuen Pagoden Glöckchen, und da gerade ein leichter Wind geht, klingelt es im Urwald richtig schön.

Als wir wieder in die laute Welt zurückkehren, besuchen wir eine Schirmwerkstatt. Hier werden mit einfachsten Mitteln die Speichen aus Bambus gefertigt und der Stock gedrechselt. Das Papier wird aus gekochter Maulbeerrinde von Hand geschöpft.

Wir bestellen unser Mittagessen. Während es zubereitet wird, besuchen wir die Phaung Daw Oo-Pagode, die aufgrund ihrer extrem schwierig zu erreichenden Lage sehr prestigeträchtig ist. Dort befinden sich vier kleinere Buddhafiguren. Der Pilger, der die Unbilden der Anreise auf sich nimmt, hat auch genug Gold für die vier Buddhafiguren dabei. Deswegen sind auch die vier Figuren dermaßen mit Blattgold überdeckt, dass sie schon völlig unförmig sind und wahrscheinlich wird es nicht lange dauern, bis sie alle vier zu einem großen Goldklumpen zusammengewachsen sind.

Beim Mittagessen sehen wir Leute in ihren Volkstrachten in Booten an uns vorüberziehen. Trachten werden überwiegend von den Frauen getragen. Meist tragen sie einen dunklen, einfarbigen Longyi, ein einfarbiges Oberteil und ein kunstvoll geschlungenes, meist bunt gestreiftes oder kariertes Tuch auf dem Kopf. Hier sieht man auch viele Holzhüte, die wie ein flacher Kegel geformt sind. Die Männer hingegen tragen fast alle westliche Schirmmützen.

Anschließend kommt mein persönlicher Höhepunkt: Webarbeiten aus Lotusfaser. Vor etwa neunzig Jahren wollte eine Weberin vom Inle-See dem von ihr verehrten Mönch ein neues, kostbares Gewand schenken, am besten aus Seide. Das lehnte der Mönch ab, denn dafür müssten Seidenwürmer sterben. Der Frau war nun aufgefallen, dass Lotusstängel einen fädigen Schleim absonderten, wenn man sie durchschnitt. Da Lotus im Buddhismus das Reinste überhaupt darstellt, wäre das ein guter Stoff für den Mönch, sofern der Schleim nutzbar wäre. Wenn man die Stängel anritzt und auseinanderzieht, tritt ein fädiges Gespinst aus, das maximal dreißig Zentimeter lang ist. Wenn man es gleich auf einer feuchten Fläche rollt, entsteht ein Faden, der dann zu Garn versponnen werden kann. Und so sitzen Frauen und produzieren in mühevoller Arbeit jeweils dreißig Zentimeter Faden. Der Tagesertrag dürfte bei wenigen Metern liegen. Ein Mönchsgewand dürfte etwa vier bis fünf Quadratmeter groß sein. Den Arbeitsaufwand vermag ich mir kaum vorzustellen. Die Frau muss den Mönch also sehr geliebt haben. Die Faser nimmt nur Naturfarben an und sieht wie Leinen aus, fällt aber ganz weich und knautscht nicht. Das Material ist einzigartig und so fürchterlich teuer, dass ich einen Kauf gleich ad acta legen muss. Immerhin konnte ich mir einen Seidenschal leisten, in dem Lotusfäden mit verwebt sind.

Es folgt der Besuch bei einem Schmied, der Messer, Hacken und Scheren auf einfachste Art und Weise herstellt. Ein Mann facht ständig das Feuer mit seinen manuellen Blasebälgen an. Wir sind zeitlich etwas im Rückstand, aber auf unserem gnadenlosen Programm steht noch eine Zigarrenfabrik. Das sollte in fünf Minuten abgehandelt sein. Denkste! Es gibt Zigarren und Zigaretten aus Tabak und Maisblättern. Wir dürfen testen, und das Ganze ist eine Mordsgaudi.

Wo der See aufhört und anfängt, lässt sich gar nicht ohne Weiteres feststellen. Im Grunde handelt es sich um ein Sumpfgebiet, dessen tiefere Stellen mit Wasser gefüllt sind, und das ändert sich ständig. Hier wird auch Landwirtschaft betrieben. Der Pflanzgrund wird mit langen Stangen im See befestigt und dann werden übliche Gemüsesorten, allen voran Tomaten, angebaut. Wir fahren vorsichtig durch die schwimmenden Felder. Dann haben wir unser letztes Tagesziel erreicht: das Kloster der springenden Katzen. Die Mönche in diesem Kloster haben sich hin und wieder gelangweilt und deshalb die dort lebenden Katzen dressiert, durch Reifen zu springen. Aber nun ist es Abend und die Katzen wollen nicht mehr. Doch die Pagode ist voller Katzen aller Farben und Größen. Irgendwann werden sie unruhig. Futterzeit. Die armen Katzen bekommen, genauso wie die Mönche, Reis. Einer aus unserer Gruppe hat noch ein wenig Möwenfutter, das vor einem Tempel zur Karmaverbesserung verkauft wurde. Dieses wird von den Katzen als hochwillkommene Abwechslung genommen.

Es wird höchste Zeit für die Rückfahrt, denn es wird mächtig schnell dunkel - und kalt. Zurück im Hotel feiern wir Abschied, weil wir am nächsten Tag nach Yangon fliegen und deshalb unseren Bus und sein Team verlassen. Wir hatten zwei Busfahrer und einen Boy, der für die ganzen Dreckarbeiten zuständig war. Ein ganz netter, sanfter und unterwürfiger Kerl. Wir geben den drei Männern das Trinkgeld, und der Boy gibt sofort sein Trinkgeld an die Busfahrer weiter. So war das von keinem von uns gedacht gewesen. Eine von uns macht ein schönes Gedicht, auch über unseren Bus, den feuerroten „Angel". Sie interpretiert das als englischen Engel, aber es könnte auch die Angel sein, an deren Haken wir freiwillig festhängen.

Ko Ko holt seine Gitarre raus und singt zusammen mit dem Busteam ein paar wunderschöne Liebeslieder, die auf Deutsch übersetzt in etwa heißen: Ich lade dich ein, in meine Träume zu kommen. Oder: Deine offenen Haare schreiben Gedichte. Und schließlich, für die unglückliche Liebe: Vollmond über Yangon. Denn so ein Vollmond ist schließlich etwas Schönes. Aber Yangon ist grell beleuchtet, laut und diesig. Da leuchtet der arme Mond völlig umsonst und wird von niemandem wahr-genommen. Wie die vergebliche Liebe. So schön die Lieder sind: Mir ist es einfach zu kalt. Nicht mal im Bett wird mir richtig warm, und so wache ich auch in der Nacht vor Kälte auf.

9. Januar 2013

Shwedagon-Pagode als grandioses Finale

Wir fliegen morgens von Heho nach Yangon. Ich bin winterlich gekleidet. Heho ist ein winziger Flughafen, in dem die Flugzeuge wieder abheben, kaum dass sie gelandet sind. Anzeigetafeln gibt es nicht. Ein Mann mit Megafon hält jeweils ein entsprechendes Schild in die Höhe. Leider ist das ganze Land in Dunst und Nebel gehüllt, sodass mein Fensterplatz mir nichts nützt. Aber die Wärme kommt zurück. Ich habe mich so gekleidet, dass ich mich gut entblättern kann, und das tu ich eifrig.

In Yangon ist es heiß, richtig heiß. Die Rückkehr ist faszinierend. Als ich von Deutschland nach Yangon geflogen bin, fand ich Yangon dörflich und zurückgeblieben. Wenn man aber aus der Provinz kommt, ist das eine richtig mondäne Großstadt. Trotz der Pagodenrallye gibt es einige unter uns, darunter ich, die wieder zur Shwedagon-Pagode möchten. Und es ist wieder toll da. Diesmal haben wir Zeit und ich habe keinen Druck, etwas schnell fotografieren zu müssen. Ich lasse mich treiben und beobachte die Menschen. Einige ziehen sich in die zahlreichen Tempel zurück und beten. Andere dekorieren

Buddhafiguren und baden sie. Doch viele nutzen ganz offensichtlich das Pagodenareal als angenehmen Treffpunkt.

Anschließend fahren wir zu einem Hochhaus, das im obersten Stock ein Café mit einem weiten Blick über die Stadt hat. Wir essen Torte. Schmeckt hochgradig künstlich, aber gut. Und zu meiner Freude bekomme ich endlich Sprudel zu trinken. Schließlich muss ich mich wieder auf Europa einstimmen.

Dann geht's zurück ins Hotel, wo ich meinen Koffer richtig packe und alles ordentlich sortiere. Eine Reise geht zu Ende, der ich noch lange hinterherhecheln werde. Mir ist, als müsse ich zu eilig einen Pulli stricken, bei dem ich Maschen verliere, ohne es zu merken. Dieser Bericht ist unvollständig. Ein Pulli voller Laufmaschen. Aber um alles mitzukriegen, was der Mühe wert ist, hätten meine Sinne zehn Mal schärfer und mein Gedächtnis zehn Mal stärker sein müssen. Dazu hätte ich zehn Mal schneller schreiben müssen. Aber ein löchriger Pulli ist besser als keiner. Doch letztlich wird mir nichts übrig bleiben, als weiterhin durch Asien zu ziehen, in dem Versuch, Löcher und Lücken zu füllen – und bei der Gelegenheit Neues zu entdecken.

Von der gleichen Autorin ist erschienen:

Begleiten Sie Helga Jursch auf eine Reise durch Nordindien und tauchen Sie in magische Welten ein. Inmitten von herzzerreißendem Elend und überbordendem Reichtum finden Kühe mit einem glücksverheißenden fünften Bein ebenso Platz wie Ratten, die aus Silberschalen fressen dürfen. Schlangen, die sich nach Flötentönen winden gehören genauso dazu wie märchenhafte Paläste, imposante Burgen und überwältigende Mausoleen. Durch die Wüste, über Berge, an sündenreinigenden Seen und Dschungel entlang geht es von einem außergewöhnlichen Schauplatz zum nächsten. Auf sehr persönliche und humorvolle Art schildert die Autorin die vielfältigen Empfindungen und Erlebnisse in diesem grausigen und doch so wundervollen Land voller Widersprüche.

167 Seiten

Herstellung und Verlag:
BoD – Books on Demand, Norderstedt